WALKING

Venedig

WALKING

Venedig

DER BESTE WEG, DIE STADT ZU ERLEBEN

Joe Yogerst & Gillian Price

NATIONAL GEOGRAPHIC

WALKING

Venedig

INHALT

TEIL 1

SEITE 12 TOUR KOMPAKT

TEIL 2

SEITE 50 VENEDIGS STADTVIERTEL

TEIL 3

SEITE 170 PRAKTISCHE REISETIPPS

Vorherige Seiten: Piazzetta San Marco; links: bereit für den Karneval; rechts: Rialtobrücke; oben rechts: Ziffernblatt, Arsenal; unten: byzantinischer Kelch, Markusdom.

Vorwort

Jeder Besucher entdeckt sein eigenes Venedig, eines der beliebtesten Reiseziele Europas. Öffnen auch Sie sich dem Zauber der versteckten Gassen und Kanäle und Sie werden ihre Geschichten hören.

Venedigs Wahrzeichen ist das jahrhundertealte Kanalnetz, auf dem unzählige Vaporetti und Gondeln zwischen den sechs sestieri herumschippern. Eine Bootsfahrt, wenn auch nur eine kurze Fahrt mit einem Wassertaxi, ist Pflicht, aber die beste Art, dieses Labyrinth von Glockentürmen und Palästen zu erkunden, ist zu Fuß. Trotz des schleichenden Zerfalls zeigt sich Venedig stolz und herrschaftlich und ist sich seines Zaubers bewusst.

Ich besuche Venedig, seitdem ich 19 bin, und immer trinke ich erst einen Espresso auf dem Markusplatz. Von dort gehe ich zur Rialtobrücke und zum betörend duftenden Markt, wo es die besten italienischen Zutaten gibt. In der Mittagszeit führt mein Weg oft zu den Toprestaurants in Santa Croce. Und abends kann ich der Verlockung eines Bellinis in Harry's Bar nicht widerstehen.

Gemächlich und leise: Touristen bei einer Gondelfahrt auf einem beschaulichen Abschnitt des Rio dei Barcaroli im Herzen von San Marco.

Wer nichts verpassen will, sollte vorher eine Must-see-Liste erstellen, zum Beispiel anhand dieses hilfreichen Reiseführers. Dennoch werden noch eine Menge Überraschungen warten, die Sie niemals ausgelassen hätten. Venedig ist eine faszinierende Stadt. Also, ziehen Sie Ihre Wanderschuhe an und vielleicht sehen wir uns – ich mit einem Bellini in der Hand und Sie als jüngster Besucher, der dem ewigen Zauber dieser Stadt erliegt.

Annie Fitzsimmons

Redakteurin des Reisemagazins National Geographic Traveler

Zu Gast in Venedig

Venedigs Entstehungsgeschichte geht zurück auf das Jahr 1000, als die Stadt eine Ansammlung freier Inselsiedlungen war. Im 15. Jahrhundert war die Republik Venedig die mächtigste See- und Handelsmacht Westeuropas. Heute lockt die Stadt mit ihrer pulsierenden Kulturszene jährlich um die 20 Millionen Besucher an.

Das Wichtigste in Kürze

Venedig erstreckt sich auf zahllosen Inseln in einer sumpfigen Adria-Lagune und ist dennoch nur drei Quadratkilometer groß. Die sehr unterschiedlichen Stadtteile (*sestieri*) sind von engen, verwinkelten Gassen, versteckten Innenhöfen, Sackgassen und mindestens 175 Kanälen durchzogen, die ihrerseits von etwa 400 Brücken überspannt werden.

Die Stadtteile San Marco und San Polo am Canal Grande sind die alten Verwaltungs- und Handelszentren der Stadt. Cannareggio, nördlich von San Polo, war einst das jüdische Viertel, während Sante Croce im Westen die schönsten Kirchen Venedigs beherbergt. Südwestlich von San Marco liegt der für seine Kunst berühmte Stadtteil Dorsoduro, während Castello im Osten einst Venedigs Zugang zum Meer war.

Tag für Tag

Täglich geöffnet Abgesehen von vereinzelten Ausnahmen an wichtigen Feiertagen sind fast alle Sehenswürdigkeiten täglich geöffnet.

Montag Alle Sehenswürdigkeiten geöffnet, außer Ca' Pesaro, Fondaco dei Turchi, La Pietà, Museo di Torcello, Palazzo Mocenigo, Palazzo Querini Stampalia, Scuola Grande di san Marco und VizioVirtù Cioccolateria.

Dienstag Alle Sehenswürdigkeiten geöffnet, außer Ca̓ Rezzonico, Peggy Guggenheim Collection, Palazzo Grassi, Punta della Dogena.

Mittwoch Alle Sehenswürdigkeiten geöffnet.

Donnerstag Alle Sehenswürdigkeiten geöffnet.

Freitag Alle Sehenswürdigkeiten geöffnet.

Samstag Alle Sehenswürdigkeiten geöffnet, außer Arsenal und Museo Ebraico.

Sonntag Alle Sehenswürdigkeiten geöffnet, außer Arsenal, den Kirchen Gesuati, San Giacomo dall'Orio, Santa Maria Formosa sowie Gianni Basso, Mercato di Rialto, Museo Storico Navale und Scuola Grande di San Marco.

Auf Schnäppchenjagd auf einem Flohmarkt am Campo dei Frari.

Wege und Verkehrsmittel

Sämtliche Hauptsehenswürdigkeiten und Hotspots sind zu Fuß erreichbar. Abseits des Markusplatzes und der Rialtobrücke begegnet man nur wenigen Touristen, vielleicht auch deshalb, weil man wegen der vielen Kanäle und Brücken schnell den Überblick verliert. Venedig ohne Stadtplan (in vielen Hotels kostenlos) ist aussichtslos, auch wenn gelegentliches Verirren dazugehört. Lassen Sie sich einfach treiben, denn Venedigs Altstadt ist völlig autofrei. Das meistbenutzte Transportmittel ist der Vaporetto, ein Wasserbus mit insgesamt etwa 20 Linien.

Venedig für wenig Geld

Es gibt diverse Möglichkeiten, Ihren Aufenthalt kostengünstiger zu gestalten. Eine davon ist der **Venezia Unica** City Pass (siehe S. 176). Er ist sieben Tage gültig und gewährt kostenlosen oder ermäßigten Eintritt zu vielen Sehenswürdigkeiten – ohne Anstehen. Mehr noch: Sie können den Pass sogar Ihrem Programm anpassen und entsprechend erweitern. Übersteigt dieser Pass Ihre Bedürfnisse, dann nutzen Sie die **Tourist Travel Card** (siehe S. 174), den **Museum Pass** (siehe S. 176) oder den **Chorus Pass** (Kirchenpass, siehe S. 176).

Wegweiser für Leser

Die beschriebenen Touren führen Sie zu den interessantesten Orten Venedigs. Jede davon ist auf einer Karte eingezeichnet und so geplant, dass sie gut innerhalb eines Tages zu bewältigen ist und dass Öffnungszeiten ebenso wie günstige, weniger überlaufene Besucherzeiten berücksichtigt werden. Viele enden in der Nähe von Restaurants oder beliebten Lokalen für den Abend.

Tour kompakt

Dies sind Touren für Besucher, die nur einen Tag oder ein Wochenende Zeit haben, aber wenigstens das Allerwichtigste sehen wollen. Je nach Zeit und Interesse stehen mehrere Touren zur Auswahl: Tagestour, Wochenendtour, Venedig for Fun, Canal Grande, Venedig für Kunstfreunde, Venedig für Feinschmecker und Venedig mit Kindern.

Tipps für Tages- und Wochenendtouren: Auf einer Doppelseite werden Tipps und Insider-Informationen zu weiteren Sehenswürdigkeiten, Cafés und Restaurants entlang der vorgeschlagenen Routen geboten sowie Ideen zur individuellen Gestaltung der Touren.

Erläuterungen

Für alle Touren außer der Tagestour und der Tour Venedig an einem Wochenende werden jeweils die Sehenswürdigkeiten mit praktischen Informationen für Besucher auf einer Doppelseite beschrieben.

Stadtviertel-Touren

Die sechs Stadtviertel-Touren beginnen jeweils mit einer Einführung, gefolgt von einer Karte, in der die entsprechenden Sehenswürdigkeiten entlang der Route verzeichnet sind, und anschließend deren Erläuterung. Darauf folgt jeweils die Doppelseite »Im Detail« mit den wichtigsten Sehenswürdigkeiten der Tour, »Typisch Venedig« mit Informationen über ein besonderes Merkmal des Viertels und schließlich, thematisch gegliedert, »Best of« im Viertel.

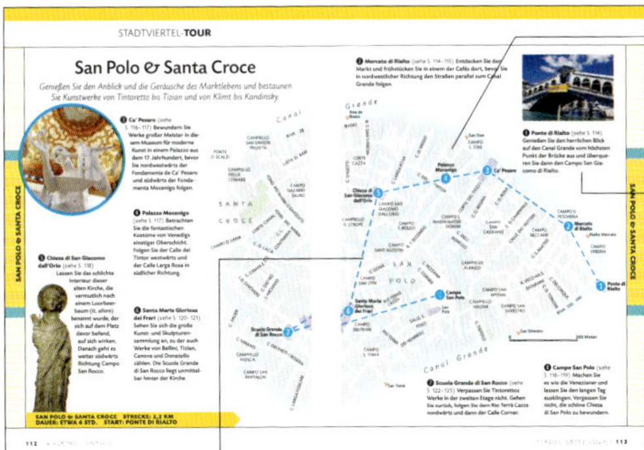

Routenkarte Eine Karte des Viertels zeigt die wichtigsten Sehenswürdigkeiten und Straßen und die Anleger der Vaporetti.

Legende Sie bietet eine Kurzbeschreibung der jeweiligen Sehenswürdigkeit und dient als Wegweiser zum nächsten Ziel der Tour. Seitenhinweise beziehen sich auf die ausführliche Erläuterung der Sehenswürdigkeit im Buch.

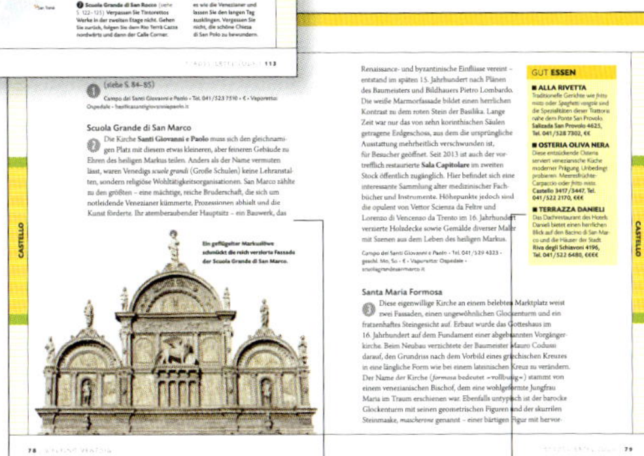

Route
Gestrichelte Linien verbinden die Sehenswürdigkeiten.

Eintrittspreise für Sehenswürdigkeiten

€	unter 4 Euro
€€	5–8 Euro
€€€	9–13 Euro
€€€€	14–18 Euro
€€€€€	über 19 Euro

Preise für Restaurants
(pro Person, ohne Getränke)

€	unter 15 Euro
€€	15–25 Euro
€€€	25–45 Euro
€€€€	45–60 Euro
€€€€€	über 60 Euro

Erläuterungen Informationen zur jeweiligen Sehenswürdigkeit in der Tour-Reihenfolge sowie deren Adresse, Website, Telefonnummer, Eintrittspreise, Öffnungszeiten und zum nächsten Vaporetto-Anleger.

Gut essen Eine Auswahl von Cafés und Restaurants entlang der Route.

TEIL 1

Tour kompakt

Venedig an einem Tag

Erkunden Sie Venedig aus der Luft, zu Wasser und zu Land während einer Tour entlang der bedeutendsten Sehenswürdigkeiten der Stadt.

7 Ca' d'Oro (siehe S. 98) **Genießen Sie den Blick auf den Canal Grande vom Balkon eines der prachtvollsten Paläste der Stadt. Fahren Sie von der Anlegestelle des Palastes mit dem Vaporetto (Linie 1) stromabwärts zum Anleger San Marco-Vallaresso und folgen Sie der Calle Vallaresso.**

6 Ponte di Rialto (siehe S. 114) **Überqueren Sie die weltberühmte Brücke und folgen Sie der Kurve im Canal Grande. Steigen Sie beim Markt in eine historische Gondel, »traghetto« genannt, und zahlen Sie dem Gondoliere zwei Euro für die Überfahrt zur anderen Seite des Canal Grande.**

5 Gallerie dell'Accademia (siehe S. 140–143) **Mit ihren byzantinischen bis barocken Exponaten zählt diese Sammlung venezianischer Werke zu den bedeutendsten Europas. Fahren Sie vom Anleger nahe dem Museumseingang mit einem Vaporetto (Linie 1 oder 2) auf dem Canal Grande zum Anleger Rialto »C«.**

4 Zattere (siehe S. 136) **Gönnen Sie sich etwas zu essen in einem der Straßencafés an dieser beliebten Uferpromenade, bevor Sie dem Rio Terra Foscarini stadteinwärts folgen.**

VENEDIG AN EINEM TAG STRECKE: ETWA 8 KM
DAUER: ETWA 9 STD. START: PIAZZA SAN MARCO

❽ Harry's Bar (siehe S. 17) **Lassen Sie, wenn Ihr Geldbeutel es zulässt, den Tag in einer der angesagtesten Bars mit einem Bellini ausklingen. Bleiben Sie den ganzen Abend dort oder kehren Sie über den Kai Riva degli Schiavoni zur Piazza San Marco zurück.**

❶ Basilica di San Marco (siehe S. 64–65) **In dieser grandiosen Kirche gibt es Fresken in byzantinischem Stil, fantastische Mosaiken und Raubkunst zu bewundern. Laufen Sie beim Haupteingang links über die Piazzetta am Markusturm (Campanile) vorbei in Richtung Wasser.**

❷ Palazzo Ducale (siehe S. 66–67) **Über vier Jahrhunderte war der Dogenpalast, ein Meisterwerk der Gotik und reich an Schätzen, der Regierungssitz Venedigs. Gehen Sie von hier zum nahe gelegenen Vaporetto-Anleger östlich des Palastes und fahren Sie mit der Linie 2 über das Bacino di San Marco.**

❸ Campanile di San Giorgio Maggiore (siehe S. 90) **Fahren Sie mit dem Aufzug zur Turmspitze und genießen Sie den schwindelerregenden Blick auf Venedig und über die Lagune. Fahren Sie danach mit dem Vaporetto (Linie 2) zurück nach Zattere.**

TOUR KOMPAKT

Tipps

Wer wenig Zeit hat, kommt mit dieser Tour voll auf seine Kosten. Sie führt zu wichtigen historischen und kulturellen Hotspots. Dank der Querverweise erhalten Sie detaillierte Informationen. Außerdem finden Sie hier weitere zeitsparende Tipps, historische Lokale und Alternativvorschläge.

❶ Basilica di San Marco (siehe S. 64–65) Frühmorgens ist die beste Zeit für die Besichtigung dieser Ansammlung von Kuppeln, Türmen, Gewölben und Säulen. Oder besser: Kommen Sie zu einem Heiligen Amt *(wochen- und sonntags 7 Uhr, 8 Uhr, 9 Uhr)*, bevor die Kirche ihre Türen öffnet, dann ist es deutlich ruhiger. Sind die Schlangen lang und die Gänge voll, nutzen Sie die Gelegenheit, in einem der Straßencafés gegenüber den Dom von außen zu bewundern.

❷ Palazzo Ducale (siehe S. 66–67) Ist der Andrang im Dogenpalast groß, konzentrieren Sie sich nur auf den ■ SAAL DES GROSSEN RATS (Sala del Maggio Consiglio), die reich verzierten ■ WOHNRÄUME DES DOGEN und die berüchtigten ■ PRIGIONI (Gefängnisse). Gehen Sie hinein, um von der Ponte della Paglia die ■ SEUFZERBRÜCKE (Ponte dei Sospiri) zu bestaunen.

❸ Campanile di San Giorgio Maggiore (siehe S. 90) Die schönste Aussicht auf Venedig bietet der Turm auf der ■ ISOLA DI SAN GIORGIO MAGGIORE. Zu wenig Zeit? Dann besteigen Sie stattdessen den ■ GLOCKENTURM AUF DER PIAZZA SAN MARCO (siehe S. 59).

❹ Zattere (siehe S. 136) Die Straßencafés und Restaurants an dieser Uferpromenade sind der ideale Platz für ein Mittagessen (siehe Gut Essen S. 138). Feines Eis gibt es – bereits seit 1935 – bei der ■ GELATERIA NICO *(Fondamente Zattere di Ponte Longo, Tel. 041/522 5293)*, einem Eiscafé, das für seine Spezialitäten berühmt ist.

❺ Gallerie dell'Accademia (siehe S. 140–143) Dank der chronologischen Anordnung in dieser einstigen Kunstakademie kann man die Epochen – von byzantinisch über Gotik bis hin zu Renaissance und Barock – besuchen,

Ein Maler auf der Piazza San Marco.

die einen am meisten interessieren. Wenn sakrale Kunst nicht so Ihr Ding ist, empfiehlt sich die ■ **Collezione Peggy Guggenheim** (siehe S. 135) – eine grandiose Sammlung moderner Kunst etwas weiter am Canal Grande.

❻ Ponte di Rialto (siehe S. 114) Vielleicht kommen Sie gerade noch rechtzeitig, um zu hören, wie die Markthändler auf dem ■ **Mercato di Rialto** (siehe S. 114–115) ihre Ware feilbieten. Wer nicht am ■ **Zattere** zu Mittag gegessen hat, findet auch in dieser Umgebung zahlreiche Traditionslokale wie das ■ **Do Mori** *(Calle Do Mori, Tel. 041/522 5401, geschl. So, €€)*, eine 1462 gegründete Taverne und angeblich die älteste Weinbar *(bacaro)* der Stadt.

❼ Ca' d'Oro (siehe S. 98) Werfen Sie einen Blick in das »Goldene Haus«, um Werke von Mantegna, Carpaccio, Tizian und anderen Renaissance-Meistern zu sehen. Fahren Sie anschließend nicht mit einem Vaporetto zur ■ **Piazza San Marco** zurück, sondern mit einer Gondel (€) zum Rialtomarkt. Danach geht es über die Rialtobrücke in Richtung ■ **Enoteca Millevini** (siehe S. 41) und der nahgelegenen Weinbar, wo eine Einführung in die Weine Italiens folgt.

❽ Harry's Bar *(Calle Vallaresso 1323, Tel. 041/528 5777, €€€)* Die urige, 1932 von Giuseppe Cipriani mit Geld eines jungen Amerikaners namens Harry Pickering eröffnete Bar ist eine Institution. Verlängern Sie Ihren aufregenden Tag mit dem Abendevent ■ **Venezia The Show** (siehe S. 49) im Teatro San Gallo – einer Mischung aus Comedy und Geschichtslektion, bei der Bühnenspiel und Videoprojektionen kombiniert werden.

PLAN B

Wer nicht in die Höhe will, lässt einfach San Giorgios Campanile aus und fährt mit dem Vaporetto zur Nachbarinsel Giudecca, wo es vieles zu entdecken gibt. Zum Beispiel die **Kirche Santissimo Redentore** aus dem 16. Jahrhundert (siehe S. 90) und **Fortunys** Samt- und Seidenfabrik (siehe S. 90). Fahren Sie danach mit dem Vaporetto nach Zattere zurück, um den Spaziergang fortzusetzen.

TAG 1

Venedig an einem Wochenende

Die Tour führt zu den schönsten Flecken der Stadt – von Piazza San Marco bis Canal Grande – und endet mit einem romantischen Uferspaziergang.

6 Zattere (siehe S. 136) **Lassen Sie den Tag mit einem Essen in einem der Restaurants an dieser beliebten Uferpromenade ausklingen.**

5 Scuola Grande di San Rocco (siehe S. 122–125) **Fast 20 Jahre benötigte Tintoretto für die venezianische Version der Sixtinischen Kapelle, die schönste aller »großen Schulen«. Danach geht es weiter zum Campo Sante Margherita und an den Kanälen Carmini und San Sebastiano entlang nach Zattere.**

4 Mercato di Rialto (siehe S. 114–115) **Stöbern Sie an den Ständen dieses alten Markts, bevor Sie die Rialtobrücke überqueren, um mit einem Vaporetto von Anleger »C« (Linie 1 oder 2) nach San Tomà zu fahren. Folgen Sie dort der Calle del Traghetto in nordwestlicher Richtung zum Campo San Rocco.**

VENEDIG AN EINEM WOCHENENDE TAG 1 STRECKE: ETWA 7 KM
DAUER: ETWA 8–9 STD. START: PIAZZA SAN MARCO

❶ Basilica di San Marco (siehe S. 64–65) **Bestaunen Sie die grandiose Fassade, bevor Sie das reich verzierte Interieur der größten Kirche Venedigs auf sich wirken lassen. Weiter geht es über die Piazzetta zum nahe gelegenen Palazzo Ducale.**

❷ Palazzo Ducale (siehe S. 66–67) **Nehmen Sie hier an der »Geheimgänge«-Führung teil, bevor Sie zum nächsten Vaporetto-Anleger an der Ostseite des Palastes gehen, um von dort mit einem Vaporetto (Linie 1) zur Ca' d'Oro zu fahren.**

❸ Ca' d'Oro (siehe S. 98) **Bewundern Sie die prunkvolle Innenausstattung des »Goldenen Hauses«. Danach folgen Sie der Calle Ca' d'Oro und Strada Nova in Richtung Campo Santa Sofia, wo Sie mit einer Gondel zum Rialto-Viertel übersetzen können.**

Tipps

Zwei Tage genügen, um Venedigs Architektur, Kunst und Nachtleben in aller Ruhe zu entdecken. Der erste Tag wartet mit den Hauptsehenswürdigkeiten auf und bietet dennoch genug Raum zur freien Gestaltung. Hier finden Sie einige Tipps und interessante Alternativen zu den Highlights, die später im Buch ausführlicher beschrieben werden.

❶ **Basilica di San Marco** (siehe S. 64–65) Wem die Massen am Markusdom zu viel werden, der besteigt einfach den bedeutendsten ■ **GLOCKENTURM** (siehe S. 59) der Stadt, um sie von oben zu bewundern. Oder besuchen Sie das deutlich ruhigere ■ **BACINO ORSEOLO** (siehe S. 60) nebenan, wo zahlreiche Gondeln anlegen – vielleicht der beste Ort zum Fotografieren der hübschen Holzboote.

❷ **Palazzo Ducale** (siehe S. 66–67) Am anderen Ende der Piazza San Marco finden Sie eine gute Alternative, wenn Ihnen der Andrang im Dogenpalast zu groß ist: das ■ **MUSEO CORRER** (siehe S. 60). In diesem herrlichen Gebäude, das Napoleon nach der Eroberung der Stadt durch die Franzosen im späten 18. Jahrhundert in seine Residenz umbauen ließ, werden die Höhepunkte der Stadtgeschichte anschaulich dargestellt.

❸ **Ca' d'Oro** (siehe S. 98) Statt der Kunst im »Goldenen Haus« lohnt es sich auch, sich den Stadtteil ■ **CANNAREGIO** näher anzusehen. Über die Strada Nova und Fondamenta san Felice erreichen Sie die ■ **FONDAMENTA DELLA MISERICORDIA** (siehe S. 96–97), eine schmale Straße am Kanal mit links und rechts historischen Häuser, Restaurants, Weinbars und Straßencafés: ein schöner Ort, um etwas zu essen oder zu trinken. (siehe Gut Essen S. 96).

❹ **Mercato di Rialto** (siehe S. 114–115) Bewundern Sie erst Antonio da Pontes großartige ■ **RIALTOBRÜCKE**, bevor Sie sich ins Getümmel auf dem Markt stürzen. Die Brücke überspannt das Wasser zwischen San Marco und San Polo mit nur einem einzigen Bogen. Der Markt hat zwei Hauptbereiche: die Pescheria (Fischmarkt) und die Erbaria (Obst- und Gemüsemarkt) und ist ein Eldorado für Hobby-Fotografen.

Abkühlung am Campo Santa Margherita.

❺ Scuola Grande di San Rocco

(siehe S. 122–125) Ist das Wetter zu schön, um die Zeit drinnen zu verbringen, können Sie die weniger als 20 Gehminuten vom Zentrum entfernte Scuola aufsuchen. Machen Sie sich am frühen Abend über die Brücke San Pantalon auf den Weg zum ■ CAMPO SANTA MARGHERITA (siehe S. 139), einem Platz mit Essens- und Kleiderbuden, Straßenmusikanten und bei Studenten der nahen Uni beliebten Bars. Einige Schritte weiter am Rio Terà entlang befindet sich der ■ PONTE DEI PUGNI (siehe S. 148), auf dem rivalisierende Familien Faustkämpfe austrugen und die Verlierer in den Kanal geworfen wurden. Auch der nahe ■ CAMPO SAN BARNABA (siehe S. 148) ist ein herrlicher Ort zum Verweilen und zum Bestaunen der venezianischen Baukunst. Über die Fondamenta di Borgo und Fondamenta Bonlini erreichen Sie den ■ CAMPO SAN TROVASO (siehe S. 88) mit seiner grandiosen Renaissancekirche. Die etwas alpin anmutenden Bauten am Platz gehören der Bootswerft ■ SQUERO DI SAN TROVASO (siehe S. 89), wo Gondeln gebaut und repariert werden. Ebenfalls unweit von hier finden Sie den Palazzo Nani Mocenigo aus dem 16. Jahrhundert, die Heimat des ■ VITRARIA GLASS +A MUSEUM (siehe S. 89).

❻ Zattere

(siehe S. 136) Haben Sie zuvor die Scuola Grande di San Rocco ausgelassen, dann wartet hier eine neue Chance, ein Meisterwerk Tintorettos zu bewundern. Und zwar in der Kirche ■ I GESUATI (siehe S. 137). Auch wenn dessen *Kreuzigung* alles in den Schatten stellt, sollten Sie einen Blick auf Tiepolos Deckengemälde im Rokokostil werfen. Gönnen Sie sich danach einen Spritz in der kleinen Uferbar ■ EL CHIOSCHETTO (siehe S. 72).

PLAN B

Lassen Sie die Ca' d'Oro aus und besuchen Sie das einstige jüdische Ghetto (siehe S. 102–103). Wenngleich die jüdische Bevölkerung sich längst über die ganze Stadt verteilt hat, sind am Campo del Ghetto Nuovo nach wie vor jüdische Organisationen und Firmen ansässig. Das Museo Ebraico (Jüdisches Museum) erzählt die Geschichte der Juden Venedigs und bietet (englische) Führungen an.

TOUR **KOMPAKT**

TAG 2

Venedig an einem Wochenende

Erleben Sie eine Zeitreise durch 1000 Jahre Kunstgeschichte und schließen Sie den Tag mit einem romantischen Abend in der Altstadt ab

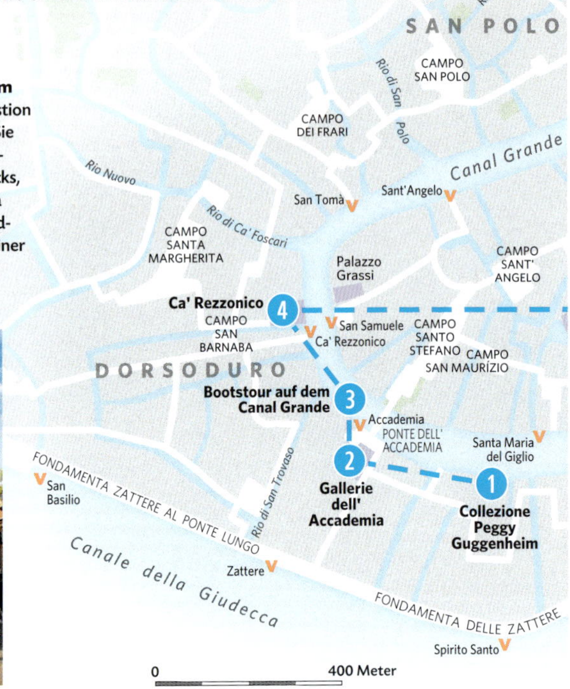

❶ Collezione Peggy Guggenheim (siehe S. 135) **Über die Calle del Bastion und Campiello Barbaro erreichen Sie die Stadtvilla am Canal Grande. Bestaunen Sie die Picassos und Pollocks, bevor Sie westwärts der Calle della Chiesa und Piscina Forner und nordwärts dem Rio Terrà Foscarini zu einer weiteren tollen Sammlung folgen.**

❷ Gallerie dell'Accademia (siehe S. 140–143) Tausend Jahre venezianische Kunst – von byzantinisch bis Barock – zieren die Wände dieses großen Kunstmuseums. Gehen Sie anschließend zum Anleger vor dem Museum und fahren Sie mit einem Vaporetto (Linie 1) in Richtung Ferrovia (Hauptbahnhof).

❸ Bootstour auf dem Canal Grande (siehe S. 30–33) Bestaunen Sie die grandiosen Paläste und Lagerhäuser, die sich entlang der berühmtesten Wasserstraße Venedigs aneinanderreihen. Steigen Sie bei Ankunft am Bahnhof in einen Vaparetto (Linie 1) um, um die gleiche Strecke nochmals in umgekehrter Richtung zurückzulegen.

VENEDIG AN EINEM WOCHENENDE TAG 2 STRECKE: ETWA 7 KM
DAUER: ETWA 8–9 STD. START: VAPORETTO-ANLEGER SALUTE

TOUR KOMPAKT

5 Piazza San Marco am Abend (siehe S. 25) **Schlürfen Sie Cocktails in Harry's Bar, lauschen Sie Livemusik im Caffé Florian und leisten Sie anschließend den Nachteulen im Caffé Centrale Gesellschaft, bevor Sie den Weg zurück durch das nächtliche Venedig antreten.**

4 Ca' Rezzonico (siehe S. 138) **In diesem Palastmuseum, das so eingerichtet ist, als wäre es nach wie vor bewohnt, ist die venezianische Dekadenz des 18. Jahrhunderts spürbar. Fahren Sie anschließend mit einem Vaporetto (Linie 1) nach San Marco.**

Tipps

Der zweite Tag in Venedig steht im Zeichen der Kunst und der erstklassigen Museen am Canal Grande. Dabei gibt es auch heute wieder zahlreiche Möglichkeiten, den Tag nach eigenem Gusto zu gestalten, wenn Sie ihn nicht gerne drinnen verbringen möchte. Über die Seitenverweise finden Sie Vorschläge für kleine Abstecher.

TAG 2

❶ Collezione Peggy Guggenheim

(siehe S. 135) Vom Vaporetto-Anleger Salute geht es zum Stadtteil Dorsoduro mit seinen zahlreichen Highlights. Bevor Sie losmarschieren, sollten Sie die Aussicht genießen. Die Halbinsel endet hier abrupt und bietet einen traumhaften Blick auf die Küstenlinie von San Marco und auf die Inseln San Giorgio und Giudecca. Besuchen Sie im Museum auch den ■ NASHER SCULPTURE GARDEN, einen Garten voller surrealistischer Kunst und seltsamen Installationen. Das hauseigene Café lädt zu einer Pause ein. Statt der Collezione Peggy Guggenheim bietet sich auch die ■ PUNTA DELLA DOGANA (das Museum für Gegenwartskunst, siehe S. 137) an. Hier zeigt der renommierte französische Künstler François-Henri Pinault einen Teil seiner großen, beeindruckenden Sammlung.

Collezione Peggy Guggenheim.

❷ Gallerie dell'Accademia

(siehe S. 140–143) Werfen Sie einen Blick in die Kirche ■ SANTA MARIA DELLA SALUTE (siehe S. 134–135), die hinter dem Steg emporragt. Sie zählt zu den sogenannten Pest-Kirchen der Stadt, die zu Ehren der Jungfrau Maria aus Dank für die Erlösung von dem Schwarzen Tod erbaut wurden. Hinter der schneeweißen, einem römischen Triumphbogen nachempfundenem Fassade präsentiert die achteckige Kirche zahlreiche katholische Symbole und Sakralkunst. Wer vor der Bootstour auf dem Canal Grande noch etwas essen will, dem sei das gemütliche Café im ■ **PALAZZO FRANCHETTI** *(Campo Santo Stefano, Tel. 041/240 7711, geschl. Sa & So, €€, palazzofranchetti.it)* jenseits des Wassers empfohlen.

❸ Bootstour auf dem Canal Grande (siehe S. 30–33) Das Schöne an dieser Bootstour: Man kann jederzeit von und wieder an Bord gehen. So lässt sich die Tour bequem den eigenen Interessen und zeitlichen Möglichkeiten anpassen. In der ■ **CA' PESARO** (siehe S. 116–117), einem Palast aus dem 17. Jahrhundert, werden Gemälde und Skulpturen aus dem 20. Jahrhundert gezeigt – alles große Werke der Galleria Internazionale d'Arte Moderna. Auf der Suche nach Souvenirs guter Qualität? Im Luxuskaufhaus ■ **FONDACO DEI TEDESCHI** (siehe S. 62–63) werden Sie bestimmt fündig. Oder besuchen Sie das Naturkundemuseum im ■ **FONDACO DEI TURCHI** (siehe S. 49), einem Palast aus dem 13. Jahrhundert, in dem unter anderem Dinosaurierknochen, Schmetterlinge und ein Aquarium mit Meeresbewohnern der Adria zu sehen sind.

❹ Ca' Rezzonico (siehe S. 138) Haben Sie die Punta della Dogana nicht gesehen? Dann lassen Sie einfach die Ca' Rezzonico aus und besuchen den ■ **PALAZZO GRASSI** (siehe S. 62), wo ebenfalls zahlreiche Werke aus Pinaults enormer Sammlung moderner Kunst sowie eine Ausstellung des japanischen Architekten Tadao Ando warten.

❺ Piazza San Marco am Abend
Die Umgebung des Markusdoms (siehe S. 58–63) bietet zahllose kulturelle Möglichkeiten zur Abendgestaltung, zum Beispiel das ■ **TEATRO LA FENICE** (siehe S. 61), in dem fast das ganze Jahr hindurch Opern und Konzerte stattfinden. In der ■ **SCUOLA GRANDE DI SAN TEODORO** (siehe S. 72) werden *Die vier Jahreszeiten* von Vivaldi in historischen Kostümen aufgeführt. Liebhabern »reisender« Opern, bei denen man den Darstellern durch die verschiedenen Räume des Palastes folgt, wird die ■ **MUSICA A PALAZZO** (siehe S. 29) im Palazzo Barbarigo Minotto empfohlen.

PLAN B

Lassen Sie einen Hotspot in Dorsoduro aus und besuchen Sie die alte Maskenmanufaktur in der **Ca' Macana** (siehe S. 44), etwa sechs Gehminuten von der Gallerie dell'Accademia entfernt. Dort lernt man in ein- oder zweistündigen Workshops, wie man venezianische Masken, zwei für jeden Teilnehmer, mithilfe von acht verschiedenen Techniken dekoriert. Eine tolle Sache für Jung und Alt.

Venedig for Fun

Genießen Sie fernab der Touristenströme einen gemütlichen Tag mit Bummeln, Trinken, Essen und einer Oper.

❽ Caffè Centrale (siehe S. 29) **Gönnen Sie sich nach der Oper einen Absacker und ein paar Knabbereien in dieser hippen, zeitgemäßen Cocktaillounge.**

❼ Palazzo Barbarigo Minotto (siehe S. 29) **Werden Sie Zeuge einer unkonventionellen Oper, bevor Sie im Zickzackkurs über den Campiello Traghetto und die Calle Veste nordostwärts in Richtung Calle Drio la Chiesa ziehen.**

❻ Bar Longhi (siehe S. 29) **Nach einem Cocktail in der Lounge des Hotels The Gritti Palace erreichen Sie die Oper über den Campiello Traghetto, die Ponte Duodo o Barbarigo und die Fondamenta Duodo o Barbarigi in nur wenigen Schritten.**

VENEDIG FOR FUN STRECKE: ETWA 13 KM
DAUER: ETWA 9 STD. START: PIAZZA SAN MARCO

❶ Piazza San Marco (siehe S. 28) Besuchen Sie die Edelboutiquen an der Westseite der Piazza San Marco, überqueren Sie den Canal Grande Richtung Salute mit einem Vaporetto (Linie 1) und folgen Sie der Calle del Bastion.

❷ Venetia Studium (siehe S. 28) Ergötzen Sie sich in diesem Luxuskaufhaus an venezianischem Design. Danach geht es zurück zum Anleger Salute, von dort mit einem Vaporetto (Linie 1) nach San Zaccaria und dann über die Riva degli Schiavoni zum Hotel Metropole.

❸ Hotel Metropole (siehe S. 28) Lassen Sie sich während eines Afternoon Tea auf eine Zeitreise in das Venedig des 19. Jahrhunderts verführen. Folgen Sie dann der Calle de la Pietà neben dem Hotel und der Salizada dei Greci ostwärts.

❹ Venice Gallery (siehe S. 28) Dieser Laden verkauft Kunst von Gianfranco Missiaja. Laufen Sie jenseits der Ponte dei Greci der Fondamenta San Lorenzo nordwärts, der Calle San Lorenzo westwärts und der Calle de la Madoneta nördwärts, um zum Buchladen zu kommen.

❺ Libreria Acqua Alta (siehe S. 28–29) Durchstöbern Sie die Regale und Badewannen, bevor es von der Calle Tetta zum Ospedale-Anleger in der Calle Cappuccine Castello geht und dann mit dem Vaporetto (Linie 5.1) zur Kirche Santa Maria del Giglio.

Piazza San Marco

1 Werfen Sie einen Blick in die Boutiquen an der **Piazza San Marco** und ringsherum (siehe S. 58–59). **The Merchant of Venice** *(Campo San Fantin 1895, Tel. 041/296 0559, geschl. Mo, themerchantofvenice.it)* ist eine stimmungsvolle, in einer einstigen Apotheke ansässige Parfümerie. **Il Prato** *(Calle delle Ostreghe 2456/9, Tel. 041/523 1148, ilpratovenezia.com)* ist spezialisiert auf venezianische Glaskunst, Schmuck und edle Lederartikel.

Piazza San Marco und Umgebung • Vaporetto: San Marco, Santa Maria del Giglio

Venetia Studium

2 Neben dem eigenen Möbel- und Accessoire-Label verkauft dieser Luxusladen auch Seide von Fortuny und Glaslampen.

Calle del Bastion 180/a • Tel. 041/523 6953 • Vaporetto: Salute • venetiastudium.com

Hotel Metropole

3 Dieses Nachmittagsritual wird zusammen mit Dammann Frères, der 1925 gegründeten französischen Teehandelsfirma, veranstaltet. Zur erlesenen Teeauswahl wird hausgemachtes Gebäck gereicht.

Riva degli Schiavoni 4149 • Tel. 041/520 5044 • €€€€€ • Vaporetto: San Zaccaria • hotelmetropole.com

Venice Gallery

4 Die versteckte Galerie zeigt Werke des lokalen Künstlers Gianfranco Missiaja: Stadtansichten, Figuren des Commedia-dell'arte-Karnevals sowie abstrakte Kunst und Figuren aus Pappmaschee.

Salizada dei Greci 3456 • Tel. 041/523 4343 • Vaporetto: San Zaccaria • venicegallery.it

Libreria Acqua Alta

5 Nicht nur Regale, sondern auch Badewannen und Schubkarren sind mit Büchern bestückt. Und eine Gondel darf in dieser ungewöhnlichen Buchhandlung, deren Rückseite an einen Kanal grenzt, natürlich auch nicht fehlen. Wie der Name (*acqua alta*

bedeutet »hohes Wasser«) andeutet, ist der Laden nicht vor Hochwasser gefeit. So gibt es sogar eine Treppe aus Büchern, die bei einem früheren Hochwasser Schaden genommen haben.

Calle Longa Santa Maria Formosa 5176/B • Tel. 041/296 0841 • Vaporetto: Ospedale

In der Libreria Acqua Alta in Castello führt eine Treppe aus Büchern zu einer Plattform, die Aussicht bietet auf den Canal Grande.

Bar Longhi

6 Zu den vielen Persönlichkeiten, die im Hotel The Gritti Palace an dem Marmortresen der Bar einen Drink genossen, zählte auch Hemingway. Im Sommer ist die Uferterrasse ein Muss.

Campo Santa Maria del Giglio • Tel. 041/794 611 • €€ • Vaporetto: Santa Maria del Giglio • thegrittipalace.com

Palazzo Barbarigo Minotto

7 Der Palazzo Barbarigo Minotto bildet das spektakuläre Dekor für die abendfüllende »reisende« Oper. »Reisende«, weil jeder Akt in einem anderen Zimmer des opulent ausgeschmückten Barockpalastes spielt. Neben *La Traviata* werden auch *Rigoletto* und *Der Barbier von Sevilla* wöchentlich aufgeführt. Warum also nicht gleich mehrere Vorstellungen besuchen.

Fondamenta Duodo o Barbarigo 2504 • Tel. 340/971 7272 • €€€€€ • Vaporetto: Santa Maria del Giglio • www.musicapalazzo.com

Caffè Centrale

8 Der ideale Ort, um nach der Oper einen Absacker zu trinken, zum Beispiel einen Negroni oder einen Tiramisu-Martini.

Calle Piscina de Frezzaria 1659/B • Tel. 041/887 6642 • €€ • Vaporetto: San Marco, Santa Maria del Giglio, Sant'Angelo • caffecentralevenezia.com

Auf dem Canal Grande

Verbringen Sie den Tag auf dem Canal Grande, bestaunen Sie die herrlichen Fassaden am Wasser und gönnen Sie sich zwischendurch etwas Kultur.

❼ Ca' Loredan (siehe S. 33) In diesem für Familie Loredan umgebauten Palast aus dem 14. Jahrhundert ist der Stadtrat Venedigs ansässig.

❽ Ca' d'Oro (siehe S. 33, 98) Auch wenn es längst nicht mehr golden glänzt, bleibt das »Goldene Haus« ein imposantes Beispiel des Renaissancebaustils Venedigs.

❻ Palazzo Grassi (siehe S. 33, 62) Bewundern Sie den klassisch-venezianischen Charme dieses Kunstgaleriepalastes.

❺ Ca' Rezzonico (siehe S. 33, 138) Im Mittelpunkt dieses Museums steht der Wohlstand Venedigs im 18. Jahrhundert.

AUF DEM CANAL GRANDE STRECKE: ETWA 3 KM
DAUER: ETWA 8 STD. START: PIAZZA SAN MARCO

❾ Ca' Pesaro (siehe S. 33, 116–117) **Kandinsky und Klimt, Moore und Matisse zählen zu den Meistern, deren Werke in der Galerie für Moderne Kunst in diesem Palast aus dem 17. Jahrhundert zu sehen sind.**

❶ Ca' Giustinian (siehe S. 32) **Steigen Sie nahe der Piazza San Marco in einen Vaporetto (Linie N/1) und genießen Sie die Fahrt auf dem Canal Grande, vorbei an der Ca' Giustinian, einem Meisterwerk der Gotik.**

❷ The Gritti Palace (siehe S. 32) **Der alte gotische Palast beherbergt heute ein Hotel. Im öffentlichen Bereich gibt es Wandspiegel aus Murano-Glas und antike Damaststoffe zu sehen.**

❸ Ca' Dario (siehe S. 32) **In diesem von Monet auf Bildern verewigten Palast aus dem 15. Jahrhundert finden gelegentlich Kunstausstellungen statt.**

❹ Collezione Peggy Guggenheim (siehe S. 32, 135) **Die Sammlung moderner Kunst befindet sich in einem Palast aus dem 18. Jahrhundert.**

Ca' Giustinian

1 Der markante vierstöckige Palast, das Hauptgebäude der **Biennale di Venezia** (siehe S. 82), liegt am rechten Ufer des Kanals, hinter den einstigen königlichen Gärten. Der im 15. Jahrhundert erbaute Komplex ist regelmäßig Kulisse für Veranstaltungen und Ausstellungen.

San Marco 1364a • Tel. 041/521 8711 • Vaporetto: San Marco • labiennale.org

The Gritti Palace

2 Der 1475 für die Familie Pisani erbaute Renaissancepalast ist bereits seit Langem ein Hotel, in dem auch zahlreiche Persönlichkeiten wie Bogart, Bacall, Springsteen oder Jagger nächtigten.

Campo Santa Maria del Giglio 2467 • Tel. 041/794 611 • Vaporetto: Santa Maria del Giglio • thegrittipalace.com

Claude Monets Gemälde mit der Ca' Dario am Canal Grande.

Ca' Dario

3 In dem im späten 15. Jahrhundert fertiggestellten Palast, heute in Privatbesitz, finden ab und an Kunstausstellungen der **Collezione Peggy Guggenheim** statt.

Campiello Barbaro • Vaporetto: Salute

Collezione Peggy Guggenheim

4 Der im 18. Jahrhundert erbaute Palazzo Venier dei Leoni – wegen der Löwenköpfe vor dem Anwesen – beherbergt heute ein Spitzenmuseum für moderne Kunst.

Calle della Chiesa 707 • Tel. 041/240 5411 • geschl. Di • €€€€ • Vaporetto: Salute • www.guggenheim-venice.it

Ca' Rezzonico

5 Zu den Höhepunkten in diesem Palast aus dem 18. Jahrhundert zählen die Deckengemälde im **Hochzeitszimmer**, die einstige Apotheke und Longhis satirische Porträts.

Fondamenta Rezzonico 3136 • Tel. 041/241 0100 • geschl. Di • €€€ • Vaporetto: Ca' Rezzonico • carezzonico.visitmuve.it

Palazzo Grassi

6 Zu Ihrer Rechten befindet sich ein im 18. Jahrhundert erbauter Palast, in dem heute moderne Kunst des Franzosen François-Henri Pinault zu sehen ist. In den Wechselausstellungen zeigen andere berühmte zeitgenössische Künstler aus aller Welt ihre Werke.

Campo San Samuele • Tel. 041/271 9031 • geschl. Di • €€€ • Vaporetto: San Samuele • palazzograssi.it

Ca' Loredan

7 In dem Palast aus dem 14. Jahrhundert residiert heute Venedigs Stadtrat. Standesamtliche Trauungen finden in einem Raum mit Renaissancemalereien und Lüstern aus Merano-Glas statt.

Calle Loredan 4122 • Vaporetto: Rialto

Ca' d'Oro

8 Von einem Balkon im dritten Stock kann man auf die Stelle der Fassade blicken, an der sich ein Elefantenrelief aus Marmor befindet.

Calle Ca' d'Oro • Tel. 041/522 2349 • €€ • Vaporetto: Ca' d'Oro • cadoro.org

Ca' Pesaro

9 Im 17. Jahrhundert für die Familie Pesaro nach Plänen von Baldassare Longhena, dem großen venezianischen Baumeister, erbaut, beherbergt der Palast heute die Galerie für Moderne Kunst.

Fondamenta de Ca' Pesaro • Tel. 041/721 127 • €€€ • geschl. Mo, 1. Jan., 25. Dez. • Vaporetto: San Stae • capesaro.visitmuve.it

Venedig für Kunstfreunde

Zu den großen Meistern, denen Sie auf dieser Tour, vorbei an weniger bekannten Kirchen und Palästen, begegnen, zählen auch Bellini, Tiepolo und Longhi.

7 Zattere (siehe S. 37, 136) **Erkunden Sie die »Kunstmeile« Dorsoduros und stärken Sie sich in einem der Cafés am Wasser.**

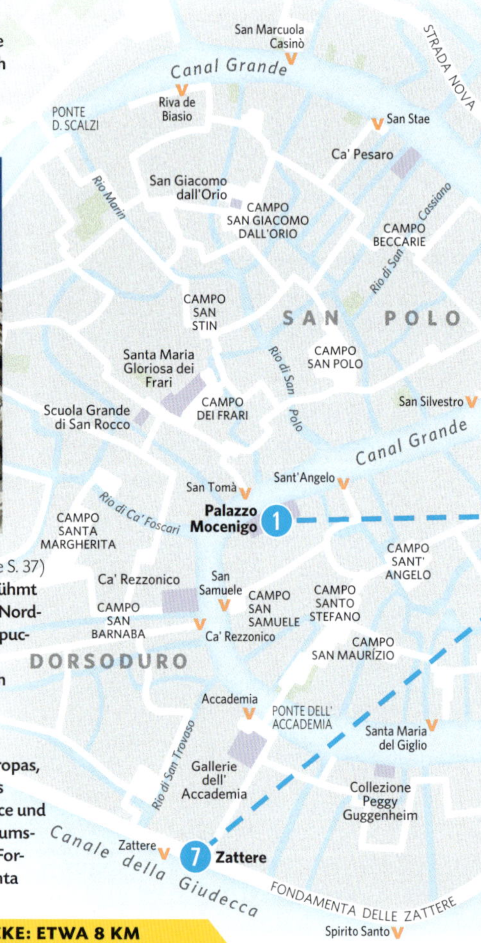

6 Chiesa di Santa Maria dei Derelitti (siehe S. 37) **Die von Andrea Palladio erbaute Kirche ist berühmt wegen der grandiosen Orgel Pietro Nacchinis. Nordwärts über die Calle del Cafetier und Calle Cappuccine sind Sie im Nu wieder zurück am Wasser. Fahren Sie mit einem Vaporetto (Linie 5.1) nach Zattere.**

5 Palazzo Querini Stampalia (siehe S. 37) **Dieses Hausmuseum, eines der schönsten Europas, gewährt einen Einblick in das Alltagsleben des venezianischen Adels während der Renaissance und des Barocks. Nach dem Mittagessen im Museumscafé geht es zurück zum Campo Santa Maria Formosa. Von dort folgen Sie der Calle Longa Santa Maria Formosa und Calle Tetta.**

VENEDIG FÜR KUNSTFREUNDE STRECKE: ETWA 8 KM
DAUER: ETWA 7–8 STD. START: PALAZZO MOCENIGO

❶ Palazzo Mocenigo (siehe S. 36, 117) Im Fokus dieses Palastmuseums stehen venezianische Mode, Stoffe und Parfüms aus allen Epochen. Danach der Calle Salizada San Stae Richtung Canal Grande folgen und einen Vaporetto (Linie 1 / N) nach San Zaccaria nehmen. Von dort zu Fuß nordostwärts Richtung Wasser und dann nordwärts in die Calle de la Pietà.

❷ Istituto Ellenico (siehe S. 36) Bestaunen Sie die alten byzantinischen Miniaturen in diesem Schmuckkästchen der orthodoxen Griechen. Überqueren Sie dann die Ponte dei Greci und den Campo San Provolo, um zum Campo San Zaccaria mit der gleichnamigen Kirche zu gelangen.

❸ Chiesa di San Zaccaria (siehe S. 36–37) Hinter der weißen Renaissancefassade der Kirche verstecken sich ein Altarbild Bellinis und Werke von Tintoretto, Tiepolo und Van Dyck. Zurück zum Campo San Provolo, die Ponte dei Carmini überqueren und der Ruga Giuffa nordwärts folgen.

❹ Palazzo Grimani (siehe S. 37) Bestaunen Sie die prächtigen Fresken, Skulpturen und den zauberhaften Innenhof dieses Renaissancepalastes. Nehmen Sie den Ausgang am Campo Santa Maria Formosa und folgen Sie der Gasse an der Nordwestseite des Platzes.

Palazzo Mocenigo

1 Kunst zum (Auf)Tragen steht im Mittelpunkt dieses prachtvollen Palastmuseums in San Stae.

Fondamenta Mocenigo • Tel. 041/721 798 • geschl. Mo, 1. Jan., 25. Dez. • €€ • Vaporetto: San Stae • mocenigo.visitmuve.it

Istituto Ellenico

2 Das »Griechische Institut« grenzt an die Chiesa di San Giorgio dei Greci und beherbergt eine reiche Sammlung byzantinischer Miniaturen, Gewänder und anderer sakraler Artefakte.

Campo dei Greci • Tel. 041/522 6581 • € • Vaporetto: San Zaccaria • istitutoellenico.org

Chiesa di San Zaccaria

3 Die Fassade der mittelalterlichen Kirche vereint Gotik und Renaissance. Der Höhepunkt jedoch befindet sich im Inneren:

Die überschwemmte Krypta in der Chiesa di San Zaccaria.

Bellinis ergreifendes Altarbild der Jungfrau Maria mit Kind. Verpassen Sie auch die überschwemmte Krypta nicht.

Campo San Zaccaria • Tel. 041/522 1257 • € • Vaporetto: San Zaccaria

CLEVER **REISEN**

Wer gerne Kirchen besucht, sollte sich den Chorus Pass (siehe S. 176) zulegen. Damit haben Sie freien Zutritt zu 18 Kirchen in der Stadt.

Palazzo Grimani

4 Der Palast aus dem 16. Jahrhundert ist reichlich mit Fresken und Stuckarbeiten bestückt. Zu den Höhepunkten zählt Mantovanos **Laubzimmer**, dessen Decke er mit den unterschiedlichsten Pflanzen- und Tiermotiven bemalt hat.

Ramo Grimani 4858 • Tel. 041/241 1507 • geschl. 1. Jan., 25. Dez., 1. Mai • € • Vaporetto: San Zaccaria, Rialto, Ospedale • palazzogrimani.org

Palazzo Querini Stampalia

5 Das Alltagsleben Venedigs zu Zeiten des Barocks ist das Thema dieses herrlichen Palastmuseums. Zu sehen sind Mobiliar jener Zeit und Werke von Künstlern wie Longhi und Bella, die von Maskenbällen, Spielhöhlen, Stockkämpfen und Ballspielen erzählen.

Santa Maria Formosa 5252 • Tel. 041/271 1411 • geschl. Mo • €€€ • Vaporetto: San Zaccaria, Rialto • querinistampalia.org

Chiesa di Santa Maria dei Derelitti

6 Unter der Leitung Andrea Palladios wurde 1575 mit dem Bau der Kirche begonnen. Die mächtigen Atlantiden-Skulpturen an der Fassade fertigte der flämische Künstler Josse de Corte an.

Calle Barbaria de le Tole 6691 • Tel. 041/924 933 • geschl. So–Mi • € • Vaporetto: Ospedale

Zattere

7 Zu den Highlights der inoffiziellen Kunstmeile Venedigs zählen auch die Kirche **I Gesuati** (siehe S. 137) und die **Punta della Dogana** (siehe S. 137).

Fondamenta delle Zattere • Vaporetto: Zattere, San Basilio, Spirito Santo

Venedig für Feinschmecker

Frisch gerösteten Kaffee, exotische Gewürze, erlesene Weine, cicchetti *(Tapas) und vieles mehr hat diese Schlemmertour über den Mercato di Rialto zu bieten.*

❶ **Mercato di Rialto** (siehe S. 40, 114–115) **Am frühen Morgen, wenn die Stände frisch mit Fisch, Obst und Gemüse bestückt sind, ist der alte Lebensmittelmarkt eine Augenweide. Verlassen Sie den Markt über die Ruga Vecchia San Giovanni und folgen Sie der Calle dei Cinque südwärts.**

❷ **Caffè del Doge** (siehe S. 40) **Kosten Sie einen Kaffee aus frisch gerösteten Arabica-Bohnen oder den süßen Giacometto. Kehren Sie zur Ruga Vecchi San Giovanni zurück und folgen Sie links der Ruga dei Spezieri.**

❸ **Drogheria Mascari** (siehe S. 40) **Lassen Sie sich in dem letzten Gewürzladen Venedigs von den Düften betören. Folgen Sie, sobald sich Ihre Nase wieder erholt hat, der Calle San Mattia Richtung Calle de la Do Spade, wo sich einige gute Lunchadressen befinden.**

VENEDIG FÜR FEINSCHMECKER STRECKE: ETWA 1 KM
DAUER: ETWA 7–8 STD. START: MERCATO DI RIALTO

❻ Antiche Carampane (siehe S. 41) **In diesem Restaurant im Herzen des Rialto-Viertels werden feinste Meeresfrüchte serviert.**

❺ Enoteca Millevini (siehe S. 41) Bestaunen Sie die Sammlung alter Jahrgänge in dieser Vinothek nahe dem Fondaco dei Tedeschi und genießen Sie einen Spritz in einer der nahe gelegenen Bars. Kehren Sie zum Rialto-Viertel zurück und setzen Sie Ihre Tour ostwärts über die Riva del Vin und nordwärts über die Calle della Madonna fort.

❹ Cantina Do Spade (siehe S. 40) Gönnen Sie sich in diesem Traditionslokal ein leichtes Mittagessen. Folgen Sie der Ruga dei Spiezeri bis zum Ende und gehen Sie über die Rialtobrücke, um zum Ramo del Fontego dei Tedeschi zu gelangen.

HINTERGRUND

Von der **Enoteca Millevini** zu **Harry's Bar** (siehe S. 17), die Heimat des berühmten Bellini, sind es nur 10 Minuten zu Fuß. Die blassrosa Farbe des im Champagnerglas servierten Cocktails aus weißem Pfirsichpüree und Prosecco erinnert an die Toga eines Heiligen, den der Maler Bellini verewigte – daher der Name.

Mercato di Rialto

1 Die Stände mit frischem Fisch, Obst und Gemüse sind ein Augenschmaus.

Campo Cesare Battisti, Campo della Pescheria und Campo Beccarie • geschl. So • Vaporetto: Rialto Mercato

Caffè del Doge

2 1645 eröffnete im Rialto-Viertel das erste Kaffeehaus Europas, auch dank der guten Handelsbeziehungen Venedigs mit den Osmanen. Serviert werden Kaffee aus frisch gerösteten Bohnen und fabelhafte Drinks auf Kaffeebasis wie der Giacometto (mit Nougat, Sahne und gerösteten Haselnüssen).

Calle dei Cinque 609 • Tel. 041/522 7787 • € • Vaporetto: Rialto Mercato • caffedeldoge.com

Drogheria Mascari

3 Folgen Sie in der **Ruga dei Spezieri** (Gewürzgasse) einfach Ihrer Nase, um zum letzten Gewürzladen Venedigs zu gelangen. Was folgt, ist eine Zeitreise in jene Zeit, als Venedig an der bedeutenden Gewürzroute zwischen Asien und Europa lag. Verkauft werden neben Gewürzen auch Trüffel, Tees und Balsamicoessige sowie erlesene Weine und herrliche Konfitüren und Marmeladen.

Ruga dei Spezieri 381 • Tel. 041/522 9762 • Vaporetto: Rialto Mercato • imascari.com

Cantina Do Spade

4 *Bacari* gibt es reichlich im Rialto-Viertel (siehe S. 106–109). Hier trifft man sich auf einen Drink, zum Essen oder zum Reden. Berühmt sind sie für feine Weine und Spritz (Venedigs Sommerdrink) und für ihre *cicchetti*, venezianische Tapas. In der Cantina Do Spade, einem der ältesten Lokale Rialtos, gibt es dunkel gebackene Tintenfische, Stockfisch *(baccalà)*, Thunfischfrikadellen und Fleischbällchen.

Sotoportego de le Do Spade • Tel. 041/521 0583 • €€ • Vaporetto: Rialto Mercato • cantinadospade.com

Enoteca Millevini

5 An der San-Marco-Seite der **Rialtobrücke** (siehe S. 114) gelegen, beeindruckt diese gemütliche Vinothek mit einem großen Sortiment an italienischen und internationalen Weinen. Wer mehr wissen will, fragt einfach die Inhaber. Sie teilen Ihr Wissen gern.

Ramo del Fontego dei Tedeschi 5362 • Tel. 041/520 6090 • €€ • Vaporetto: Rialto »C«

Antiche Carampane

6 Die Restaurants im Rialto-Viertel sind berühmt für ihre frischen Fisch- und Meeresfrüchtegerichte. So ist die Speisekarte des Antiche Carampane mit Feinstem aus dem Meer, wie Scampi, Tintenfisch, gegrilltem Fisch und Pasta mit Muschelsauce, bestückt.

Rio Terrà delle Carampane 1911 • Tel. 041/524 0165 • €€€€–€€€€€ • Vaporetto: Rialto Mercato, San Silvestro • antichecarampane.com

Die Drogheria Mascari: Regale voller Gewürze und Tische voller Zimtstangen.

TOUR KOMPAKT

TAG 1

Venedig – Wochenende mit Kindern

Gondelfahrten und Karnevalsmasken, Eis essen und Glas blasen – in dieser Tour dreht sich alles um Venedigs älteste Traditionen.

1 Gondelfahrt (siehe S. 44) **Steigen Sie am Anleger San Samuele mit der ganzen Familie in eine Gondel und beglücken Sie Ihre Kinder mit einer kurzen Fahrt über den Canal Grande. Am anderen Ufer folgen Sie der Calle Traghetto Vecchio und nordwärts der Calle de la Boteghe. Hinter der Brücke befindet sich die Ca' Macana.**

2 Ca' Macana (siehe S. 25, 44) **Werden Sie kreativ in dieser alten Maskenmanufaktur, bevor Sie nordwärts der Calle Cappeller und Calle Foscari folgen, vorbei an der Uni und über die Brücke. Danach geht es westwärts in die Calle Crosera, wo links das Tonolo schon zu sehen ist.**

VENEDIG MIT KINDERN TAG 1 STRECKE: ETWA 2,2 KM DAUER: ETWA 5–7 STD. START: VAPORETTO-ANLEGER SAN SAMUELE

6 Mauro Vianello (siehe S. 45) **Ihre Kids werden Augen machen, wenn Sie sehen, wie bei Mauro geschmolzenes Glas in winzige Figuren und bunte Tiere verwandelt wird.**

5 Gelateria White (siehe S. 45) Laden Sie Ihre Kinder auf ein Eis oder Sorbet ein – mit einer Sauce oder Topping nach Wahl. Danach geht es zurück, nordwestwärts in die Ruga dei Spezieri und über die *campi* Beccarie und San Cassiano in Richtung Glasmanufaktur.

4 Scuola Grande di San Rocco (siehe S. 45, 122–125) Schon schwindlig vom Hochschauen? Folgen Sie den Calles Tintoretto und Larga Prima ostwärts zum Anleger am Campo San Tomà und fahren Sie mit einem Vaporetto (Linie 1/2) nach Rialto »C«. Spazieren Sie über die Rialtobrücke westwärts in die Ruga dei Oresi und folgen Sie der Ruga Vecchia San Giovanni südwestwärts.

3 Pasticceria Tonolo (siehe S. 45) Kaufen Sie etwas Leckeres in dieser legendären Bäckerei. Folgen Sie der Calle Crosera westwärts und der Calle Fianco de la Scuola nordwärts. Jenseits der Holzbrücke liegt der Campo San Rocco.

Gondelfahrt

1 Erleben Sie eine Fahrt in einem *traghetto* (Stehgondel) über den Canal Grande von San Samuele zur **Ca' Rezzonico** (siehe S. 138). Die meisten dieser Holzboote werden von mehreren Gondolieres gemeinsam genutzt. Die Überfahrt dauert etwa fünf Minuten.

Campo San Samuele • Tel. 041/520 5275 • € • Vaporetto: San Samuele • gondolavenezia.it

Ca' Macana

2 Was wäre Venedigs Karneval (siehe S. 126–127) ohne die bunten, mit Federn, Perlen und Kugeln bestückten Pappmascheemasken, die die wahre Identität des Trägers verschleiern sollen. In ihrer Niederlassung in Dorsoduro bietet die Ca' Macana, eine der ältesten Maskenmanufakturen der Stadt, ein- und zweistündige Workshops an.

Calle Cappeller 3215 (Workshop nach Voranmeldung) oder Calle de le Boteghe 3172 (Showroom) • Tel. 041/520 3229 • €€€€€ • Vaporetto: Ca' Rezzonico • camacana.com

In Ca' Macana dürfen Workshop-Teilnehmer jeweils zwei Masken anfertigen.

Pasticceria Tonolo

3 Zu den Spezialitäten zählen neben einem mit Zucker bestäubten Schokoladenkuchen namens *torta greca* auch Mandeln, süße Focaccia, Kekse, Windbeutel und Cannoli. Zum Karneval gibt es zudem *fritelle*, italienische Donuts.

Calle San Pantalon 3764 • Tel. 041/523 7209 • € • Vaporetto: San Tomà

Scuola Grande di San Rocco

4 In der Renaissance erreichten die Gebäudedecken, auf denen Tintoretto im 16. Jahrhundert seine weltberühmten Malereien hinterließ, spektakuläre Höhen. Handspiegel sollen das Betrachten der Meisterwerke erleichtern.

Campo San Rocco • Tel. 041/523 4864 • geschl. 1. Jan., 25. Dez. • €€€ (inkl. Audioguide) • Vaporetto: San Tomà • scuolagrandesanrocco.org

Gelateria White

5 In diesem Eiscafé im Rialto-Viertel können Kinder selbst Eiskreationen herstellen. Dieses Selbstbedienungscafé hat eine ansehnliche Eis- und Sorbetauswahl und diverse Saucen und Toppings im Programm.

Ruga Vecchia San Giovanni 480 • Tel. 041/528 5109 • €€ • Vaporetto: Rialto Mercato

Mauro Vianello

6 Seit mehr als 1000 Jahren stellen die Glasbläser Venedigs allerlei Glaswaren wie etwa Küchenutensilien, Leuchten, Spiegel und Kerzenhalter her. In 30-minütigen Demonstrationen erklärt der bekannteste, Mauro Vianello, den Herstellungsprozess und stellt aus Glas prachtvolle Insekten, Meerestiere und Musikinstrumente her.

Artigianato d'Arte, Calle dei Morti 2251 • Tel. 041/520 1802 • €€ (Voranmeldung erforderlich) • Vaporetto: Rialto Mercato

GUT **ESSEN**

■ AL VAPORETTO
Die vielen Nudel- und Fleischgerichte, Pizzen und Salate machen dieses Lokal nahe dem Campo Manin ideal für Familien. **Calle della Mandola 3726, Tel. 041/522 9498, €€**

■ ANTICO FORNO
Pizzen und Sandwiches sind die Spezialitäten dieses Take-away nahe dem Mercato di Rialto. **Ruga Vecchia San Giovanni 970, Tel. 041/520 4110, €**

■ LA ZUCCA
Lassen Sie Ihre Kinder in diesem versteckten Lokal nahe dem Piazalle Roma italienische Küche genießen. **Calle dello Spezier, Tel. 041/524 1570, €€**

Venedig – Wochenende mit Kindern

Aussichten von oben und vom Wasser, Dinosaurierknochen und eine Art Disneyshow zählen zu den Highlights dieser Tour.

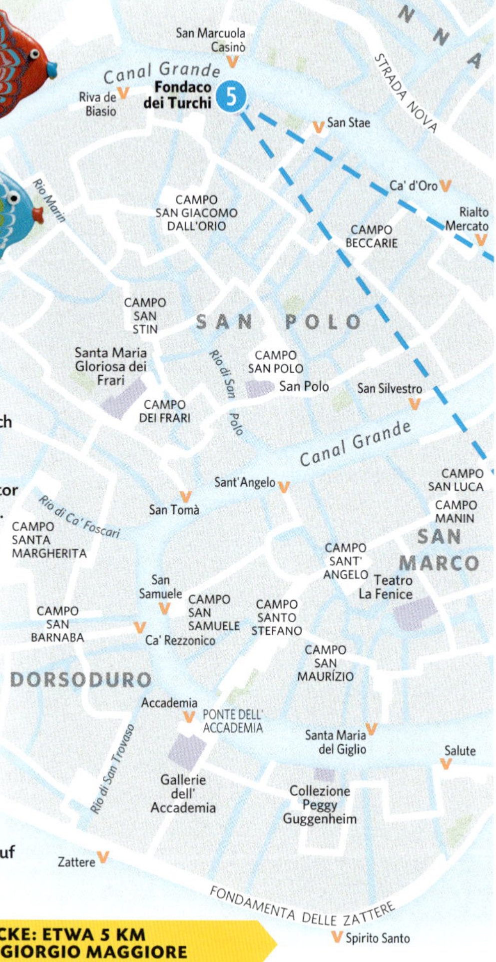

❹ **VizioVirtù Cioccolateria** (siehe S. 48)
Nach der Führung und Verkostung in dieser Schokoladenmanufaktur gehen Sie über die Calles Fava und Sant' Antonio westwärts nach Rialto »C« und fahren mit einem Vaporetto (Linie 1/N/A) nach San Stae. Gehen Sie die Salizada San Stae südwärts, die Calle del Tintor westwärts und die Salita Fontego nordwärts.

❺ **Fondaco dei Turchi** (siehe S. 49) **Im naturhistorischen Museum, das dieser Palast aus dem 13. Jahrhundert beherbergt, gibt es vieles zu entdecken. Danach geht es mit dem Vaporetto Richtung Rialto »C« zurück und von dort ostwärts Richtung Wasser. Folgen Sie südwärts dem Per San Marco und westwärts der Calle San Gallo neben dem Teatro San Gallo.**

❻ **Venezia the Show** (siehe S. 49)
Diese Multimediashow über Venedig – eine Mischung aus Comedy und Bildung – setzt auf Bühnenspektakel und Videoprojektionen.

VENEDIG MIT KINDERN TAG 2 STRECKE: ETWA 5 KM
DAUER: ETWA 8–9 STD. START: SAN GIORGIO MAGGIORE

❸ Libreria Acqua Alta (siehe S. 48)
Kinder werden den etwas ungewöhnlichen Buchladen mögen. Danach geht es zurück Richtung Campo Santa Maria Formosa. Dann folgen Sie den Calles Borgolocco, Marcello und Frutarol nordostwärts, um zur Schokoladenmanufaktur zu gelangen.

❷ Palazzo Querini Stampalia (siehe S. 48)
Malereien, in denen Feste, Sport, Karnevalsbälle und andere Veranstaltungen verewigt wurden, bilden den Höhepunkt der Kunstausstellung in diesem historischen Palast. Überqueren Sie die Brücke, folgen Sie der engen Gasse nordöstlich des Campo Santa Maria Formosa und gehen Sie dann in die Calle Longa Santa Maria Formosa, um zum Buchladen zu gelangen.

❶ Campanile di San Giorgio Maggiore
(siehe S. 48, 90) **Fahren Sie mit einem Vaporetto (Linie 2) zur Insel San Giorgio Maggiore, besteigen Sie den famosen Glockenturm und genießen Sie den Blick auf Venedig. Danach geht es mit der Fähre nach San Zaccaria und dort nordwärts in die Calle de le Rasse Richtung Calle dei Mercanti.**

GUT **ESSEN**

■ HAPPY PIZZA
Pizzen, Nudelgerichte, Wraps, Calzone und Bruschetta – alles günstig. **Calle dei Fabbri 828, €**

■ HARD ROCK CAFÉ VENICE
Der hiesige Ableger der weltweiten Kette tischt Burger und Steaks auf. **Fondamenta Orseolo 1192 , Tel. 041/522 9665, €€**

■ TAVERNA SAN LIO
Eine gute Wahl für Mittagessen wie Brunch: Für Kids gibt es simple Nudelgerichte, für Erwachsene Meeresfrüchteravioli und Anis-Steinbutt. **Salizada San Lio 5547–46, Tel. 041/277 0669, €€**

Campanile di San Giorgio Maggiore

1 Der Aufzug bringt Sie zur Spitze des Turms neben der **Basilica di San Giorgio Maggiore** (siehe S. 90). Von hier aus haben Sie einen weiten Blick. Die hölzerne Engelsfigur neben dem Ticketbüro befand sich bis 1993 auf der Turmspitze – bis sie vom Blitz getroffen wurde.

Isola di San Giorgio Maggiore • Tel. 041/522 7827 • € • Vaporetto: San Giorgio

Palazzo Querini Stampalia

2 Bewundern Sie Gabriele Bellas Gemäldereihe *Alltagsszenen in Venedig*, auf der ein Ballspiel, Streiche auf einem zugefrorenen Kanal und ein Stockkampf auf der Ponte Santa Fosca zu sehen sind. Nicht weniger unterhaltsam: Pietro Longhis Szenen aus Spielhöhlen und Maskenbällen.

Campo Santa Maria Formosa 5252 • Tel. 041/271 1411 • geschl. Mo • €€€ • Vaporetto: San Zaccaria, Rialto • querinistampalia.org

Libreria Acqua Alta

3 Dieses Labyrinth aus gebrauchten Büchern führt zu einer Treppe, die aus Büchern mit Wasserschäden besteht. Erstehen Sie ein paar Comics und schauen Sie nach, ob die Katzen noch auf dem Tresen schnurren.

Calle Longa Santa Maria Formosa 5176/B • Tel. 041/296 0841 • Vaporetto: Ospedale, Rialto »C«

VizioVirtù Cioccolateria

4 Stärken Sie sich in dieser Schokoladenmanufaktur – genau dort, wo im Mittelalter mit Kakao und Gewürzen gehandelt wurde – und nehmen Sie an der Verkostungsführung teil (Voranmeldung).

Calle Forneri 5988 • Tel. 041/275 0149 • geschl. Mo • Vaporetto: Rialto »C« • viziovirtu.com

Fondaco dei Turchi

5 Kinder lieben dieses moderne, interaktive naturhistorische Museum. Zu sehen sind neben Dinosaurierknochen und Walskeletten auch Kuriositäten aus Afrika, welche venezianische Entdecker einst mitbrachten. Zudem gibt es ein großes **Aquarium**.

Salita Fontego • Tel. 041/275 0206 • geschl. Mo, 1. Jan., 25. Dez. • €€ • Vaporetto: San Stae • msn.visitmuve.it

Venezia the Show

6 Die bunte Zeitreise durch 1500 Jahre Geschichte der Stadt ist ein Erlebnis für die ganze Familie. Diese Hightechshow mit Schauspielern und Videoprojektionen ist eine Mischung aus Comedy und Bildung. Die Vorstellungen sind auf Englisch.

Campo San Gallo 1097 • Tel. 041/241 2002 • €€€€–€€€€€ (freier Eintritt für Kinder bis 9 J.) • Vaporetto: San Marco, Rialto • teatrosangallo.net

Das naturhistorische Museum befindet sich in einen byzantinischem Palast am Wasser.

TOUR KOMPAKT

TEIL 2

Venedigs Stadtviertel

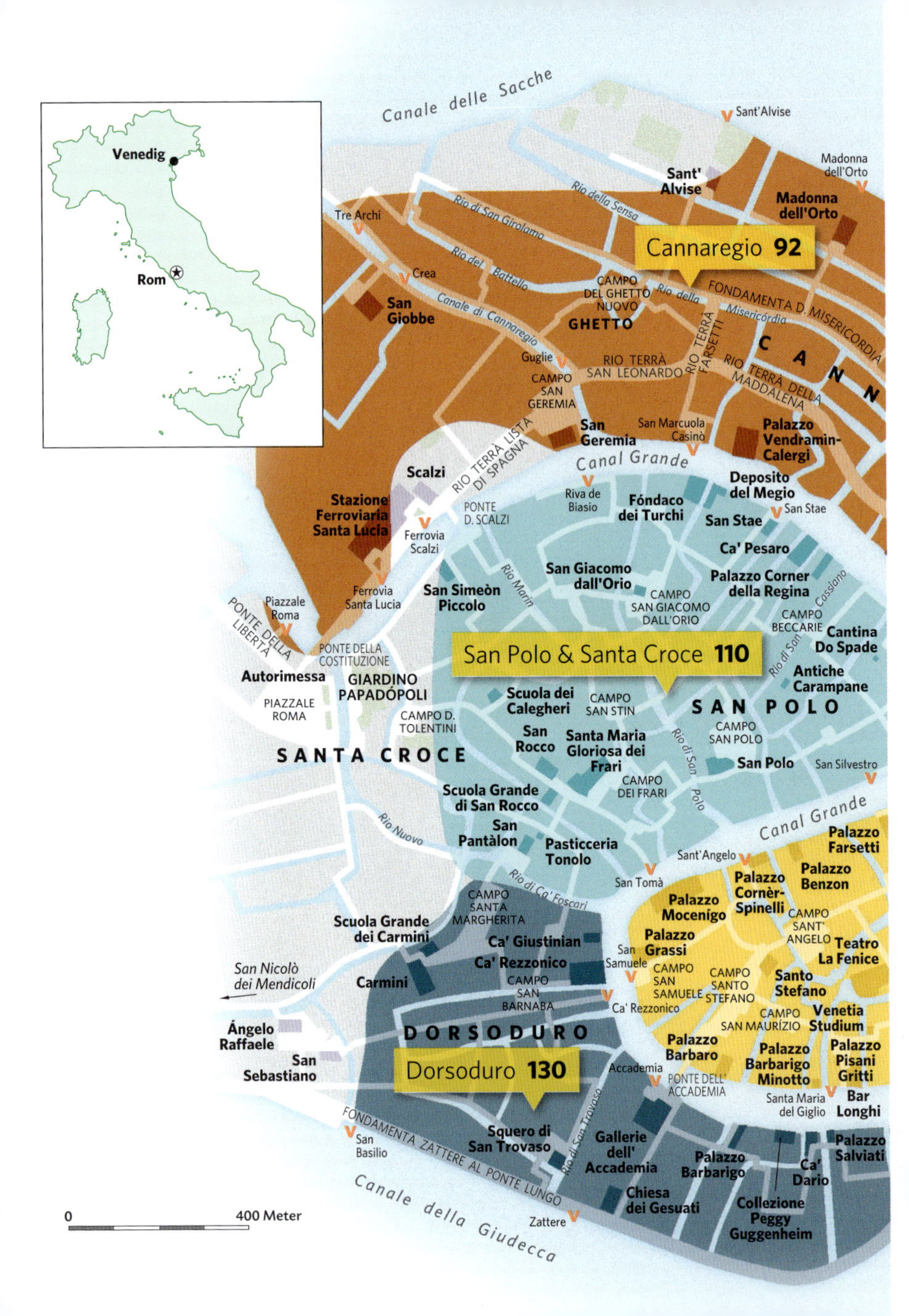
Venedig
Rom
Canale delle Sacche
Sant'Alvise
Madonna dell'Orto
Sant' Alvise
Madonna dell'Orto
Rio della Sensa
Rio di San Girolamo
Tre Archi
Cannaregio 92
Rio del Battello
Crea
San Giobbe
Canale di Cannaregio
CAMPO DEL GHETTO NUOVO
Rio della Misericordia
FONDAMENTA D. MISERICORDIA
GHETTO
RIO TERRÀ FARSETTI
C A N N
Guglie
RIO TERRÀ SAN LEONARDO
RIO TERRÀ DELLA MADDALENA
CAMPO SAN GEREMIA
San Geremia
San Marcuola Casinò
Palazzo Vendramin-Calergi
Canal Grande
RIO TERRÀ LISTA DI SPAGNA
Scalzi
Riva de Biasio
Deposito del Megio
Fóndaco dei Turchi
Stazione Ferroviaria Santa Lucia
PONTE D. SCALZI
San Stae
San Stae
Ferrovia Scalzi
Ca' Pesaro
San Giacomo dall'Orio
Rio Marin
Palazzo Corner della Regina
Rio di San Cassiano
Ferrovia Santa Lucia
San Simeòn Piccolo
CAMPO SAN GIACOMO DALL'ORIO
Piazzale Roma
PONTE DELLA LIBERTÀ
CAMPO BECCARIE
Cantina Do Spade
PONTE DELLA COSTITUZIONE
San Polo & Santa Croce 110
Antiche Carampane
Autorimessa
GIARDINO PAPADÓPOLI
Scuola dei Calegheri
CAMPO SAN STIN
S A N P O L O
PIAZZALE ROMA
CAMPO D. TOLENTINI
San Rocco
Santa Maria Gloriosa dei Frari
Rio di San Polo
CAMPO SAN POLO
S A N T A C R O C E
San Polo
San Silvestro
CAMPO DEI FRARI
Scuola Grande di San Rocco
Rio Nuovo
San Pantàlon
Pasticceria Tonolo
Canal Grande
Palazzo Farsetti
Sant'Angelo
Palazzo Cornèr-Spinelli
Palazzo Benzon
San Tomà
Rio di Ca' Foscari
CAMPO SANTA MARGHERITA
Palazzo Mocenígo
CAMPO SANT' ANGELO
Scuola Grande dei Carmini
Ca' Giustinian
Palazzo Grassi
Teatro La Fenice
San Samuele
Ca' Rezzonico
San Nicolò dei Mendicoli
Carmini
CAMPO SAN BARNABA
CAMPO SAN SAMUELE
CAMPO SANTO STEFANO
Santo Stefano
Ca' Rezzonico
CAMPO SAN MAURÍZIO
Venetia Studium
Ángelo Raffaele
D O R S O D U R O
Palazzo Barbaro
Palazzo Barbarigo Minotto
Palazzo Pisani Gritti
San Sebastiano
Dorsoduro 130
Accademia
PONTE DELL' ACCADEMIA
Santa Maria del Giglio
Bar Longhi
FONDAMENTA ZATTERE AL PONTE LUNGO
San Basilio
Squero di San Trovaso
Rio di San Trovaso
Gallerie dell' Accademia
Palazzo Barbarigo
Ca' Dario
Palazzo Salviati
Chiesa dei Gesuati
Collezione Peggy Guggenheim
Canale della Giudecca
Zattere
0
400 Meter

Venedigs Stadtviertel

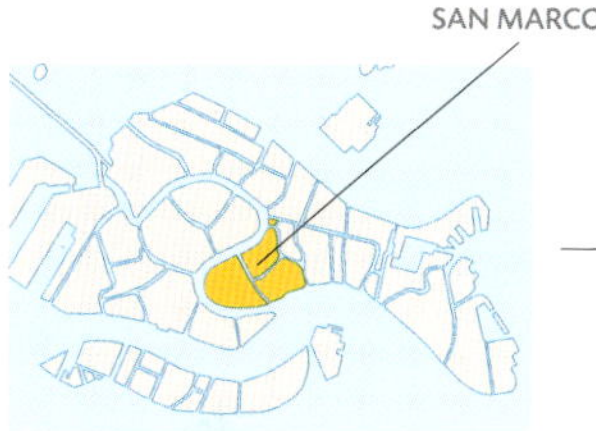

San Marco

San Marco ist das bedeutendste der sechs *sestieri* (Stadtviertel) Venedigs. Im Herzen dieses Viertels liegt die Piazza San Marco – mit ihren Gondeln, dem gotischem Palazzo Ducale und der mit exotischen Mosaiken ausgeschmückten Basilica di San Marco der Inbegriff venezianischer Grandeur. Unvergleichlich ist der Charme dieses Platzes am frühen Morgen, wenn die Cafés ihre Türen öffnen. Folgen Sie den Massen zu den Hotspots und besuchen Sie anschließend die ruhigen Flecken dahinter. San Marco, das nahezu vollständig vom Canal Grande umströmt wird, ist reich an am Wasser gelegenen Palästen, von denen die meisten Galerien oder Museen beherbergen. San Marco ist auch die Heimat des Teatro La Fenice, des Opernhauses mit seiner bewegten und renommierten Geschichte. Für Shopper empfiehlt sich der Fondaco dei Tedeschi im Norden des Viertels und direkt neben der Rialtobrücke – ein vierstöckiges Traditionskaufhaus mit Luxusartikeln, edlen Parfüms und Schlemmereien lokaler Produzenten.

◀ Die Piazza San Marco: Im Herzen San Marcos mit seinen beliebten Cafés und Bars ist immer viel los.

San Marco

Die große Tour über die Piazza San Marco und durch das angrenzende Stadtviertel entführt Sie in ein Zeitalter von Macht und Herrlichkeit.

6 Teatro La Fenice (siehe S. 61–62) **Nehmen Sie an einer Führung durch die Oper teil und gehen Sie dann westwärts über den Campo Sant'Angelo, den Campo Santo Stefano und die Calle Fruttarol Richtung Campo San Samuele.**

7 Palazzo Grassi (siehe S. 62) **Besuchen Sie dieses großartige Museum für zeitgenössische Kunst, bevor Sie entspannt die Canal-Grande-Fahrt mit einem Vaporetto von San Samuele nach Rialto (San-Marco-Seite) genießen.**

SAN MARCO STRECKE: ETWA 2,5 KM DAUER: ETWA 7–8 STD.
START: PIAZZA SAN MARCO

❶ Piazza San Marco (siehe S. 58–59) Lassen Sie die Erhabenheit des Platzes auf sich wirken, bevor Sie die Basilica di San Marco betreten.

❷ Basilica di San Marco (siehe S. 64–65) Nach der Besichtigung der Mosaiken in der Privatkapelle des Dogen wartet nebenan der Palazzo Ducale.

❸ Palazzo Ducale (siehe S. 66–67) Besuchen Sie den Dogenpalast, fast sieben Jahrhunderte lang der Regierungssitz Venedigs, bevor Sie sich auf den Weg zum Museo Correr auf der anderen Seite des Platzes machen.

❹ Museo Correr (siehe S. 60) Tauchen Sie ein in die venezianische Kunst und Kultur, die hier gezeigt wird. Gehen Sie durch die Arkaden an der Museumsrückseite zur Fondamenta Orseolo.

❺ Bacino Orseolo (siehe S. 60) Verweilen Sie ein wenig an diesem Gondelbecken, bevor Sie westwärts dem Rio dei Barcoli zum Campo S. Fantin folgen.

❽ Fondaco dei Tedeschi (siehe S. 62–63) Bestaunen Sie das exquisite Angebot in diesem Luxuskaufhaus, das in einem historischen Palast am Canal Grande untergebracht ist.

Piazza San Marco

1 Der Markusplatz ist nicht nur das prunkvolle Herz der Stadt, sondern auch das Zentrum des modernen venezianischen Lebens. Die spannende Mischung aus Ost und West gibt dem Platz eine ganz eigene Atmosphäre und lässt ihn weder typisch europäisch noch typisch italienisch erscheinen. Seine Geschichte lebt in den byzantinischen Kuppeln, ostasiatischen Mosaiken und gotischen Palästen weiter. Als die Republik Venedig von Dogen regiert wurde, diente der Platz jahrhundertelang als Regierungssitz, Gefängnis, Hinrichtungsort und beliebter Marktplatz.

An der Ostseite des Platzes liegen der opulent verzierte **Markusdom** (siehe S. 64–65), die einstige Privatkapelle des Dogen, und der an das Wasser grenzende märchenhafte **Palazzo Ducale** (siehe S. 66–67). Der Kai an dieser Stelle, der **Bacino di San Marco**, ist die

Die Piazzetta San Marco mit dem Palazzo Ducale (links) und der Markusbibliothek (rechts).

Ab- und Anlegestelle Dutzender Gondeln. In früheren Zeiten vertäuten Würdenträger und Botschafter, die Venedig besuchten, hier ihre Schiffe. Gegenüber dem Dom, an der Westseite, liegt das **Museo Correr** (siehe S. 60), ein Museum, in dem Venedigs Kunst, Kultur und Geschichte präsentiert werden. Die Nordseite wird vom **Torre dell'Orologio** *(Uhrturm, Tel. 041/271 5911, geschl. 1. Jan., 25. Dez., €€€ – Voranmeldung, torreorologio.visitmuve.it)* eingenommen, einem Renaissanceturm mit einer astronomischen Uhr und auf der Spitze zwei Mauren beim Glockenläuten.

An Bars oder Cafés mangelt es am Markusplatz keineswegs. Eines ist das **Caffè Florian** *(Nr. 57, Tel. 041/520 5641, €€, caffeflorian.com)*, das angeblich älteste Café der Welt. Fahren Sie mit dem Aufzug zur Spitze des fast 99 Meter hohen **Glockenturms** *(Campanile, Tel. 041/270 8311, €€, basilicasanmarco.it)*, auch »el parón de casa« (der Herr des Hauses) genannt, und genießen Sie das Panorama. Zu Zeiten der Republik hatte jede der fünf Glocken eine eigene Bedeutung: Eine rief die Senatoren auf, sich im Dogenpalast einzufinden, eine andere ließ das Totengeläut hören. Heute schlagen die Glocken zur vollen Stunde.

Piazza San Marco • Vaporetto: San Marco

HINTERGRUND

Die **Piazza San Marco**, laut Napoleon Europas berühmtestes Maleratelier, wird an der Piazzetta von zwei Granitsäulen aus dem 12. Jahrhundert dominiert. Auf der einen thront ein geflügelter Markuslöwe, das Wahrzeichen Venedigs, während die andere dem heiligen Theodor, Venedigs Schutzpatron, gewidmet ist. Die Venezianer glauben, es bringe Unglück, sich zwischen den Säulen aufzuhalten – da sich hier einst der Exekutionsplatz befand.

Basilica di San Marco

2 (siehe S. 64–65)

Piazza San Marco • Tel. 041/270 8311 • Dom Eintritt frei; Museum €€; Tesoro €; Pala d'Oro € • Vaporetto: San Marco • basilicasanmarco.it

Palazzo Ducale

3 (siehe S. 66–67)

Piazzetta San Marco 52 • Tel. 041/271 5911 • €€€€ • Vaporetto: San Marco • palazzoducale.visitmuve.it

Museo Correr

4 Das Museo Correr beherbergt diverse große Sammlungen, die sich mit der Geschichte Venedigs befassen. Zu den Höhepunkten zählen die **neoklassizistischen Zimmer** und die **imperialistischen Zimmer** im Erdgeschoss, die einst Napoleon und seinen Habsburger Nachfolgern als Wohnräume dienten, wenn sie in Venedig verweilten. Ein Ballsaal im Empire-Stil grenzt an eine mit feinstem Brokat ausgestattete Suite, ein Boudoir und ein Esszimmer von Kaiserin Sisi. Sehen Sie sich im Thronzimmer auch Antonio Canovas klassizistische Skulpturen an – von einem Liebespaar bis hin zu mythischen Helden. Der absolute Höhepunkt des Museums ist jedoch ist die **Biblioteca Nazionale Marciana** *(Nationale Markusbibliothek, Tel. 041/240 7241, geschl. 1. Jan., 25. Dez.)*. Entworfen wurde sie von Jacopo Sansovino 1537 und ausgeschmückt von Tintoretto, Tizian und Veronese.

Piazza San Marco 52 • Tel. 041/4273 0892 • geschl. 1. Jan., 25. Dez. • €€€€ • Vaporetto: San Marco • correr.visitmuve.it

GUT **ESSEN**

■ CANOVA
Das Canova serviert klassische venezianische und italienische Küche – von Hummer über Salat bis hin zu Scampi und Wolfsbarsch. **Luna Baglioni, Calle Larga de l'Ascension, Tel. 041/528 9840, €€€**

■ ENOTECA AL VOLTO
Cicchetti wie Bruschetta, Käse und Spaghetti mit Meeresfrüchten sowie regionale Weine gibt es in diesem Wirtshaus am Campo San Luca. **Calle Cavalli, Tel. 041/522 8945, €**

■ LE MASCHERE
Ein intimes Restaurant mit Gerichten (üppige Portionen!) wie Seespinnen aus der Lagune, Parmesanrisotto und Apfelstrudel – ein Relikt aus der k.u.k.-Zeit. **Splendid Venice Hotel, San Marco Mercerie 760, Tel. 041/520 0755, €€**

Bacino Orseolo

5 Wer nach so viel Kunst und Kultur den Kopf wieder frei bekommen will, dem sei das größte Gondelbecken Venedigs empfohlen. Hier kann man die Gondolieres beobachten, wie sie miteinander schwatzen und mit Touristen feilschen. Manchmal sind auch mit Artischocken und Kürbissen beladenen Kähne zu bewundern. Das Bacino ist der Ort schlechthin, um »Gondelprozessionen« zu beobachten oder Ihre eigene Gondelfahrt zu buchen (siehe S. 175). Zahlen Sie nicht mehr als offiziell erlaubt und vereinbaren Sie die Strecke vorher. Die Nebenkanäle sind romantischer, wer Spektakel will, wählt den Canal Grande.

Calle del Salvadego • Vaporetto: San Marco

Teatro La Fenice

6 Selbst wenn es keine Vorstellung gibt, hat Venedigs Oper ausreichend Prunk und Klatsch zu bieten. Bereits dreimal fiel die Oper einem Brand zum Opfer, stand aber ebenso oft wieder auf – wie Phönix (= La Fenice) aus der Asche. Beim letzten Mal beklagten zahlreiche internationale Operndiven den Verlust »des schönsten Opernhauses der Welt«. Der letzte Wiederaufbau der Oper, »wie und wo es war«, wurde erst 2003 vollendet. Das von Kanälen umgebene Haus wurde im zurückhaltenden neoklassizistischen Stil errichtet und weist eine Rokoko-Einrichtung in Rot und Gold und einen Zuschauerraum in Hufeisenform auf. Im Eintrittspreis ist eine 45-minütige (englischsprachige) Audiotour enthalten, in der man alles über Geschichte und Besonderheiten des Opernhauses wie den neuen Zuschauerraum und die prunkvolle königliche Loge erfährt. Im prunkvollen Auditorium, in dem glitzernde Lüster mit vergoldeten Balkonen und mit Engeln

Dicht an dicht drängen sich die Gondeln im Bacino Orseolo.

CLEVER **REISEN**

Die Opernsaison in La Fenice läuft von Januar bis Juli und von September bis Oktober. Die 900 Tickets sind meistens schnell vergriffen. Opernfans wird geraten, Karten nicht im Online-Vorverkauf (€€€€) zu erstehen. Im Sommer finden auch zahlreiche Symphoniekonzerte statt.

verziertem Stuck wetteifern, lauscht man Geschichten über Operaufführungen von Rossini und Bellini. Zu sehen ist auch eine Ausstellung über Maria Callas. Mit ein wenig Glück fällt Ihr Besuch mit einer Probe zusammen. Wenn nicht, dann werfen Sie einen Blick in das Programm und gönnen Sie sich eine Vorstellung. Wählen Sie Plätze in den ersten Reihen und spüren auch Sie die Kraft der hohen Cs.

Campo San Fantin 1965 • Tel. 041/786 511 • €€€ • Vaporetto: San Marco • teatrolafenice.it

Palazzo Grassi

7 Im Palazzo Grassi finden Wechselausstellungen mit Exponaten aus der großen Sammlung des Eigentümers François-Henri Pinault – dem auch Gucci, Château Latour und Christie's gehört – statt. Zusammen mit dem japanischen Architekten Tado Ando gelang es ihm, den am Canal Grande gelegenen Palast aus dem 18. Jahrhundert in ein Zentrum für Gegenwartskunst zu verwandeln. Das Wechselspiel zwischen Andos minimalistischen Ausstellungsräumen und der neoklassizistischen Einrichtung erzeugt spektakuläre Effekte. Die 72 Stunden gültigen Eintrittskarten gewähren auch Eintritt in die nicht weniger imposante Schwesterstätte **Punta della Dogana** (Museum für Gegenwartskunst, siehe S. 137) in Dorsoduro. Allerdings sind beide Museen nur während Ausstellungen geöffnet. In einer erst kürzlich präsentierten Ausstellung im Palazzo Grassi wurden 130 bislang unveröffentlichte Fotografien von Irving Penn gezeigt. Achten Sie während Ihres Venedig-Besuchs auch auf Außeninstallationen am Canal Grande.

Campo San Samuele 3231 • Tel. 041/271 9031 • geschl. Di • €€€ • Vaporetto: San Samuele • palazzograssi.it

Fondaco dei Tedeschi

8 Die 800 Jahre alte, von deutschen Kaufleuten gegründete Tedeschi-Stiftung war einst das wichtigste Handelszentrum

Die verhältnismäßig schlichte Außenseite des Fondaco dei Tedeschi.

Rialtos. Heute, nach einem umfassenden Umbau nach Plänen des niederländischen Architekten Rem Koolhaas, beherbergt der Palast ein vierstöckiges Luxuskaufhaus. 1228 erbaut, diente dieses etwas streng anmutende Gebäude, lange Zeit das zweitgrößte der Stadt, jahrhundertelang als Umschlagplatz für Gewürze, Seide und andere exotische Produkte aus Fernost. Jetzt findet man hier teure Parfüms und Schuhe für Frauen und Männer. Außerdem beherbergt das Haus Ausstellungsräume und verfügt über eine Dachterrasse. Wenn Sie nach einem typisch italienischen Mitbringsel oder nach einem lokalen Produkt Ausschau halten, sollten Sie die erste Etage anpeilen. Verpassen Sie nach Ihrem Einkaufsbummel nicht die markante Rialtobrücke (siehe S. 114), die Verbindung zwischen dem vornehmen San Marco und San Polo, dem Handelszentrum der Stadt.

Salizada Fontego dei Tedeschi • Vaporetto: San Marco

Basilica di San Marco

Der ungewöhnliche, nach dem Vorbild von Kirchen in Konstantinopel erbaute Dom hat die Pracht des byzantinischen Baustils in den Westen gebracht.

Die Fassade wird von einem geflügelten Markuslöwen, dem Wahrzeichen der Stadt, beherrscht.

Im Jahr 832 n. Chr. als Mausoleum für die Reliquien des heiligen Markus und als Dogenkapelle vollendet, brannte das Gotteshaus 976 völlig nieder. Der Wiederaufbau auf dem Grundriss eines griechischen Kreuzes erfolgte zwischen 1063 und 1094. Trotz der verschiedenen Baustile ist der Gesamteindruck harmonisch. Die Kirche verfügt über eine reich ornamentierte Fassade und fünf Kuppeln. Im Inneren springen die räumliche Komplexität und unterschiedliche Baustile ins Auge. Zu den Highlights zählen auch die Mosaiken. Da Besucher vorgeschriebenen Wegen folgen müssen, kann man sich nirgends lang aufhalten.

Goldschimmernde Mosaiken

Wer den Dom betritt, glaubt zunächst in einer Moschee oder einem Sultanspalast zu sein. Das Interieur wird von Mosaiken beherrscht, viele mit schimmerndem Blattgold bedeckt. Sogar die Fenster wurden einst teils oder ganz zugemauert – zugunsten von noch mehr Mosaiken. Sie beschreiben biblische Szenen, wie das Kommen des Heiligen Geistes in Gestalt einer Taube in der **Pfingstkuppel** über dem Langhaus. Die Bodenmosaiken *(pavimento)* mit Blumen-, Tier- und geometrischen Motiven erinnern an Orientteppiche.

Altar und Pala d'Oro

Die Reliquien des heiligen Markus (siehe S. 68) befinden sich unter dem **Altar**, wenngleich Skeptiker glauben, dass sie 976 einem Brand zum Opfer fielen. Das **Pala d'Oro**, das »goldene«, mit Edelsteinen bestückte Altarbild aus dem Mittelalter wurde von Handwerkern aus Konstantinopel angefertigt und von Venezianern verschönert.

Der Domschatz

Nach der Eroberung Konstantinopels im Jahr 1204 feierte Venedig seinen Sieg mit der Ausstellung des Beuteguts. Dieser ***Tesoro*** (Domschatz) aus dem Dogenpalast (siehe S. 66–67) aus dem 9. Jahrhundert umfasst byzantinische Artefakte aus Gold, Silber und Glas.

HINTERGRUND

Der im Boden eingelassene herzförmige Stein nahe dem Pala d'Oro markiert die Stelle, an der das Herz des Dogen Francesco Erizzo (1566–1646) beerdigt wurde (sein Leichnam wurde in seinem Geburtsort bestattet). In das steinerne Herz wurden zwei weitere Figuren gehauen: eine Dogenmütze und ein Igel – das Wappenzeichen der Familie.

Das Museum

Das **Markusmuseum** (Museo di San Marco) über dem Eingangsportal des Doms beherbergt auch die bronzenen Pferde, die einst das Hippodrom in Konstantinopel schmückten. Kopien dieser Pferde – die traditionellen Unabhängigkeitssymbole Venedigs – sind auch in der Galerie über dem Eingangsportal zu sehen. Besuchen Sie, bevor Sie die Kirche wieder verlassen, die **Loggia** im oberen Stockwerk und genießen Sie die herrliche Aussicht.

Piazza San Marco • Tel. 041 / 270 8311 • Dom Eintritt frei; Museen €€; Tesoro €; Pala d'Oro € • Vaporetto: San Marco • basilicasanmarco.it

Palazzo Ducale

Durchschreiten Sie diesen hochgotischen, mit Fresken geschmückten Palast und stellen Sie sich das Leben des Oberhauptes der Republik Venedig vor.

Der Saal des Großen Rates wird vom *Paradies* der Tintoretto-Brüder beherrscht.

Ab dem 9. Jahrhundert bis zum Fall der Republik im Jahr 1797 war der Dogenpalast das Machtzentrum Venedigs. Außerdem diente der Palast als Sitz der Regierung und beherbergte neben den höchsten Gerichten der Stadt auch die finsteren Staatsgefängnisse. Der Doge war ein »hoch geehrter Sklave der Republik« in einem vergoldeten Käfig und wurde strengstens bewacht. Die »Schattenseite« seines Palastes war geprägt von einem eigenen Polizeiapparat, inklusive unbarmherziger Inquisitoren, Geheimgänge und eines speziellen Briefkastens für hinterhältige Denunzierungen.

■ Innenhof mit Säulengalerie

Werfen Sie im Innenhof einen Blick auf die Säulengalerie im ersten Stock. Hier markieren zwei rosafarbene Säulen den Ort, an dem die Todesurteile verkündet wurden. Die riesige **Scala dei Giganti** (Treppe der Giganten) wird von zwei Statuen flankiert, die die Götter Mars und Neptun als Symbole für Venedigs Hoheit zu Land und Wasser darstellen. Oben an der Treppe fand einst die Krönung des Dogen statt, bei der dieser eine juwelenbesetzte Mütze erhielt.

■ Wohnräume des Dogen

Die **Scala dei Censors** (Treppe der Zensoren) führt zu den Wohnräumen des Dogen im ersten Stock. Im **Sala dello Scudo** (Wappenzimmer) sind die Wände mit Landkarten bestückt, die das damalige Dogenreich zeigen. Über eine Terrasse hatte der Doge einen Privatzugang zur **Basilica di San Marco** (siehe S. 64–65), während eine Geheimtreppe zur Etage darüber führte (die während der **Geheimgänge-Führung** besucht wird).

■ Festsäle

Oben an der **Scala d'Oro** (Goldene Treppe) im zweiten Stock wird man von einer Bocca della Veritá, einem geöffneten »Mund der Wahrheit«, einer Art Denunzierungsbriefkasten, begrüßt. Die Festsäle dahinter sind opulente Beispiele venezianischer Malerei und Bildhauer- und Handwerkskunst. In dem **Sala del Maggior Consiglio** (Saal des Großen Rates) befinden sich neben dem Dogenthron auch diverse Gemälde wie Veroneses ***Triumph der Venezia***.

■ Gefängnisleben

Die **Prigioni** (Gefängnisse) gehören zur Schattenseite des Palastes – eine geheime dunkle Welt mit Inquisitoren, Spionen und Folterknechten. Besuchen Sie auch die **Seufzerbrücke** (Ponte dei Sospiri), deren Name den Gemütszustand von Verurteilten widerspiegelt, wenn Sie ihre geliebte Lagune zum letzten Male erblickten.

CLEVER **REISEN**

Wer die makabre Seite des Dogenpalastes sehen möchte, sollte sich der Geheimgänge-Führung (Tel. 041/4273 0892, €€€€€, vivaticket.it) durch die Folterkammern und Gefängnisse anschließen. Die englischsprachige Führungen starten täglich um 9.55, 10.55 und 11.35 Uhr an der Scala d'Oro (nach Voranmeldung).

Piazzetta San Marco 52 • Tel. 041/271 5911 • €€€€ • Vaporetto: San Marco • palazzoducale.visitmuve.it

La Serenissima

Auf dem Höhepunkt ihrer Macht und Blüte wurde La Serenissima – die Durchlauchtigste Republik Venedig – von ihren Zeitgenossen mit einer Mischung aus Neid und Verwunderung betrachtet. Wie war es bloß möglich, dass eine von Flüchtlingen auf nicht viel mehr als Wasser und Schlamm erbaute Stadt zu einer sagenhaft reichen Handelsmacht aufsteigen konnte, die große Teile des Mittelmeerraums beherrschte?

Ein byzantinischer Altarkelch aus dem Domschatz des Markusdoms.
Gegenüber: *Die Verlobung des venezianischen Dogen mit der Adria* von Giovanni Antonio Canal (Canaletto) ca. 1729–1730.

Bescheidene Anfänge

In den düsteren, gefährlichen Jahrhunderten nach dem Niedergang des Römischen Reiches kehrten viele Menschen dem von Kriegen zerstörten Kernland Italiens den Rücken und gründeten versprengte Siedlungen auf den Inseln in der gezeitenabhängigen Lagune. Damals war Venedig, das erst Rivoalto und später Rialto hieß, keineswegs bedeutender als Torcello, Murano oder Burano – bis 829, als zwei venezianische Kaufleute die Gebeine des heiligen Markus in einem Fass mit Pökelfleisch aus dem moslemischen Alexandria entführten. Um die Reliquien würdevoll aufbewahren zu können, errichtete man die **Basilica di San Marco** (siehe S. 64–65). Und um sie wuchs eine aufstrebende Stadt: Venedig.

Die technische Meisterleistung, die Venedigs Bau zugrunde lag, gilt als Weltwunder. Dutzende kleine Schlammbänke, zwischen denen das Wasser floss, mussten in eine Stadt aus Ziegelsteinen verwandelt werden. Man trieb Holzpfähle in die entwässerten Grundstücke, um den Bau der imposanten drei- und vierstöckigen Bauwerke zu ermöglichen.

Umgeben von Wasser war Venedig gut vor möglichen Feinden vom Festland geschützt und so verwendete die Stadt all ihre Mittel darauf, eine Seemacht zu werden. Um 1000 beherrschte Venedig die Adria und man verdiente viel Geld mit dem Transport von Kreuzrittern nach Palästina und der Einfuhr von Luxusartikeln aus Asien für den westeuropäischen Markt. Kolonien entlang der Mittelmeerküste dienten als Basis für Venedigs Kriegs- und Handelsflotte.

Handel regiert

Die Venezianer waren Kaufleute, keine Landeigner, und deshalb verwalteten sie ihre Stadt wie ein Betrieb, nicht wie einen Territorialstaat. Anders als sonstwo in Europa, wo die Thronerbfolge gängig war, wählten die wohlhabendsten Familien Venedigs jemanden aus ihren Reihen zum Oberhaupt, zum »Dogen«. Dogen wurden auf Lebenszeit gewählt, durften weder Familienmitglieder mit wichtigen Positionen betrauen noch die Wahl eines Nachfolgers beeinflussen.

Stimmberechtigt waren die 1200 Oberhäupter jener Familien, die im »Goldenen Buch« eingetragen waren, das im Palast verwahrt wurde. Im 15. Jahrhundert erreichten Venedigs Wohlstand und Macht ihren Höhepunkt. Die Stadt hatte große Teile Norditaliens erobert, zahlte dafür aber einen hohen Preis: zerstörerische Kriege, welche die Republiken Italiens mit in den Abgrund zogen. Außerdem riefen diese Auseinandersetzungen einen Feind im östlichen Mittelmeerraum auf den Plan, dessen Macht und Möglichkeiten weitaus größer waren: das Osmanische Reich. Die Eroberung des christlichen Konstantinopels durch die muslimischen Osmanen 1453 hatte fatale Folgen: Venedigs Hoheit im östlichen Mittelmeerraum war dahin und seine Kolonien wurden sukzessive von den Osmanen eingenommen, die inzwischen eine ernst zu nehmenden Seemacht darstellten. Trotz einiger Siege wie etwa 1571 in der Seeschlacht von Lepanto war Venedigs Niedergang als Seemacht, der sich über 200 Jahre dahinzog, unumkehrbar.

Eine Darstellung der Seeschlacht von Lepanto im Oktober 1571 (Antonio Vassilacchi, 1600).

Palazzo Grassi, der letzte am Canal Grande erbaute Palast.

POLIZEI-**STAAT**

Die Elite Venedigs hielt mit der gleichen Rücksichtslosigkeit an ihrer Macht fest, wie sie ihren Reichtum angehäuft hatte. Ab dem Jahr 1310 wurde der sogenannte Rat der Zehn damit beauftragt, Subversion und Korruption im Keim zu ersticken. Polizeispione griffen Verdächtige auf und brachten sie zu den berüchtigten Gefängnissen und Folterkammern des Rats. Wurde man als Staatsfeind identifiziert, dann erwartete einen eine öffentliche Verstümmelung oder Hinrichtung oder man verschwand still und leise durch nächtliches Ertrinken.

Ende einer Ära

Im 18. Jahrhundert war Venedig vor allem ein Ort des Vergnügens für ausländische Gäste. Die Durchlauchtigste Republik überlebte noch bis 1797, wenngleich sie schon seit Langem nicht mehr in der Lage war, sich größerer Mächte zu erwehren. Der französische General und künftige Kaiser Napoleon Bonaparte war es, der die Auflösung der Republik höchstpersönlich im Namen der Revolution anordnete – und Venedig plündern ließ. Nach der französischen Herrschaft fiel Venedig an Österreich, bevor es sich 1866, bedeutungslos geworden, dem geeinten Italien anschloss. Der lang vorhergesagte Untergang war besiegelt. Die Bevölkerungszahl sank, die Verschmutzung nahm zu und die Stadt drohte langsam im Wasser zu versinken. Zum Glück haben die prachtvollen Relikte der Serenissima überlebt – allen prophezeiten Untergangsszenarien zum Trotz.

Nachtleben

Im Gegensatz zu vielen anderen europäischen Städten ist Venedig nicht für seine Club- und Diskothekenszene bekannt. Venezianer hören lieber klassische Musik oder Jazz – live, versteht sich –, nippen gerne an einem Spritz, während sie den Sonnenuntergang bestaunen, oder treiben sich auf einem der vielen Plätze herum.

■ Musikbühnen

Die klassische Art, in Venedig den Abend zu verbringen, ist der Besuch eines Konzerts. In San Marco bietet sich die **Scuola Grande di San Teodoro** *(San Marco 4810, Tel. 041/528 7227, €€€, scuolagrandesanteodoro.it)* nahe der Rialtobrücke an. Hier werden Opern und *Die vier Jahreszeiten* in historischen Kostümen aufgeführt. Die **Scuola Grande San Giovanni di Evangelista** in Dorsoduro *(Campo San Vio, Tel. 345/791 1948, €€€, venicemusic project.it)* wartet von März bis Oktober mit Klassikkonzerten und Opern auf. Livemusik gibt es in der **Osteria all' Alba** *(Ramo del Fontego dei Tedeschi 380, 340/124 5634, €)*, einer tollen Bar in San Marco, wo jedes Wochenende Bands auftreten. Für Livejazz empfiehlt sich der **Venice Jazz Club** *(Dorsoduro 3102, Tel. 041/523 2056, geschl. Do & So, €€€, venicejazzclub.com)*, in dem ab 21 Uhr Liveauftritte stattfinden.

■ Sonnenuntergang und Spritz

Machen Sie es wie die Venezianer und trinken Sie einen Spritz, während Sie den Sonnenuntergang bewundern. Zum Beispiel in der **Bar Terrazza Danieli** *(Riva degli Schiavoni 4196, Tel. 041/522 6480, €€€€)* in Castello. Von der exklusiven Dachterrasse des namhaften Hotels Danieli aus hat man einen herrlichen Blick über die Lagune. In Zattere im Stadtviertel Dorsoduro ist die kleine Bar **El Chioschetto** *(Fondamenta Zattere al Ponte Lungo 1406, 348/396 8466, €)* der ideale Ort, um den Sonnenuntergang zu beobachten. In Cannaregio bietet die **Taverna del Campiello Remer** *(Cannaregio 5701, Tel. 041/522 8789, €€, alremer.it)* den besten Platz, um die Sonne in den Canal Grande sinken zu sehen. Oder setzen Sie sich einfach auf den Pier beim **Rialtomarkt** (Mercato di Rialto, siehe S. 114–115) und genießen Sie die letzten Sonnenstrahlen des Tages.

Straßencafé neben der Rialtobrücke, San Marco.

■ BARHOPPING AUF VENEDIG-ART

Die Barszene Venedigs ist anders als die vieler anderer Städte. Geprägt wird sie von kleinen Bars, bei denen die Gäste draußen vor der Tür stehen – sogar im Winter. In San Polo ist immer viel los am **Campo Cesare Battisti già della Bella Vienna** unweit des Rialtomarkts. Gleich neben dem Vaporetto-Anleger befindet sich das **Muro** *(San Polo 222, Tel. 041/241 2339, €, murovinoecucina.it)* mit Tischen vor der Tür. Die Bar mit ihrer lauten Musik ist immer voll. Das **Al Mercà** *(Campo Bella Vienna 213, Tel. 346 834 0660, €)* ist eine winzige Bar mit ausgezeichneter Weinkarte. Das **Banco Giro** *(San Polo 122, Tel. 041/ 523 2061)* versteckt sich in einem der Bogengänge des Campo San Giacomo di Rialto. Hier gibt es Stehplätze im Bogengang des Tribunale di Venezia und gegenüber Terrassenplätze mit Blick auf den Canal Grande. Nachteulen sei der **Campo Santa Margherita** (siehe S. 139) in Dorsoduro empfohlen. Gleichermaßen beliebt sind das stimmungsvolle **Café Noir** *(Dorsoduro 3805, Tel. 041/528 0956, €–€€)* und die schöne **Osteria alla Bifora** *(Dorsoduro 2930, Tel. 041/523 6119, €€)*.

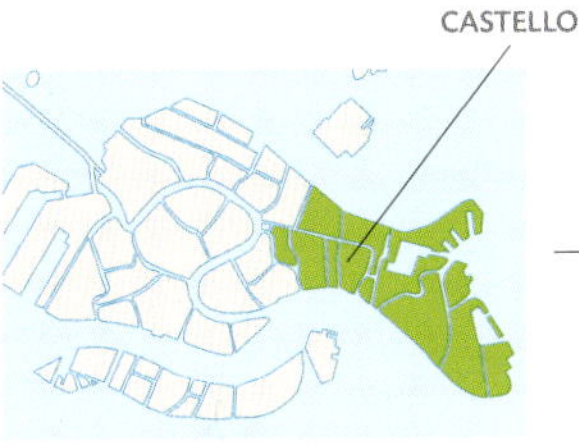

Castello

Im Mittelalter und in der Renaissance war Castello im Osten der Stadt wahrlich kein Vorzeigeviertel. Damals befanden sich hier neben den hektischen Docks, wo Produkte aus aller Welt entladen wurden, auch große Werften, in denen die Schiffe gebaut wurden, die Venedigs Seemacht etablierten. Heute ist Castello nicht nur der größte der sechs *sestieri*, sondern auch der vielschichtigste. Die alten Werften wurden in angenehme Uferpromenaden umgewandelt und das Arsenal, die Schiffswerft der Marine, avancierte zu einem Kunststandort, wo die renommierte Architektur-Biennale Räumlichkeiten für ihre Ausstellungen nutzt. Castello lockt auch mit seinen herrlichen Kirchen, allen voran La Pietà und Santi Giovanni e Paolo, einigen der prunkvollen *scuole grandi* (Große Schulen) und Museen, in denen die Geschichte der Seefahrt und der Medizin im Mittelpunkt steht. In Castello entstehen mehr Parks und Grünanlagen als anderswo in der Stadt und so wird dieser Stadtteil immer attraktiver – um ab und an zu verschnaufen und die herrliche Aussicht zu genießen.

◀ Ein Paar in traditionellem Gewand tanzt während des Karnevals auf der Riva degli Schiavoni.

Castello

Der äußerste Osten Venedigs wartet mit Uferpromenaden, einer vielseitigen Architektur und einer uneinnehmbaren Festung auf.

❶ Santi Giovanni e Paolo (siehe S. 84–85) **Bestaunen Sie in dieser mächtigen Basilika Bellinis Polyptychon und den Hochaltar, bevor Sie den Platz vor der Kirche betreten.**

❷ Scuola Grande di San Marco (siehe S. 78–79) **Besuchen Sie diese Institution zu Ehren des heiligen Markus jenseits des Platzes, bevor es südwärts Richtung Campo und Kirche Santa Maria Formosa geht.**

❸ Santa Maria Formosa (siehe S. 79–80) Ergötzen Sie sich an dem Fratzengesicht, bevor Sie südwärts der Salita Corte Rotta folgen und den Campo San Zaccaria Richtung Wasser überqueren.

❹ Riva degli Schiavoni (siehe S. 80) Genießen Sie ein Mittagessen mit tollem Blick auf die Insel San Giorgio. Danach geht es ostwärts am Kai entlang, vorbei am Reiterdenkmal.

❺ La Pietà (siehe S. 80–81) Vivaldi war Chorleiter in dieser für ihre grandiose Akustik berühmten Kirche aus dem 18. Jahrhundert. Folgen Sie der Calle de la Pietà nebenan zur Fondamenta Furlani.

CASTELLO STRECKE: ETWA 7,2 KM DAUER: ETWA 7–8 STD.
START: CAMPO SS. GIOVANNI E PAOLO

7 Museo Storico Navale (siehe S. 82) Historische Schiffe und Nachbauten sind die Höhepunkte des der einstigen Seemacht gewidmeten Marinemuseums. Etwas nördlicher liegt das Arsenal.

6 Scuola di San Giorgio degli Schiavoni (siehe S. 81–82) Bewundern Sie das Relief, das den heiligen Georg als Drachentöter zeigt. Danach geht es zurück zur Riva degli Schiavoni, dann ostwärts am Wasser entlang und am Ende über die Brücke.

8 Arsenal (siehe S. 82–83) Bestaunen Sie die enorme Größe des Arsenals Venedigs, der einst größten Schiffswerft der Welt.

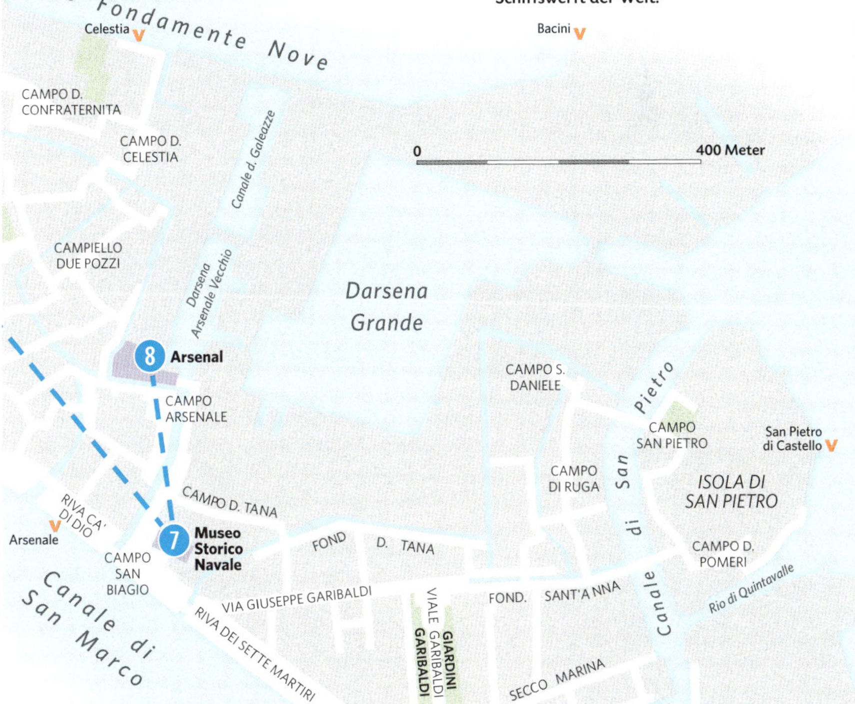

Santi Giovanni e Paolo

1 (siehe S. 84–85)

Campo dei Santi Giovanni e Paolo • Tel. 041/523 7510 • € • Vaporetto: Ospedale • basilicasantigiovanniepaolo.it

Scuola Grande di San Marco

2 Die Kirche **Santi Giovanni e Paolo** muss sich den gleichnamigen Platz mit diesem etwas kleineren, aber feineren Gebäude zu Ehren des heiligen Markus teilen. Anders als der Name vermuten lässt, waren Venedigs *scuole grandi* (Große Schulen) keine Lehranstalten, sondern religiöse Wohltätigkeitsorganisationen. San Marco zählte zu den größten – eine mächtige, reiche Bruderschaft, die sich um notleidende Venezianer kümmerte, Prozessionen abhielt und die Kunst förderte. Ihr atemberaubender Hauptsitz – ein Bauwerk, das

Ein geflügelter Markuslöwe schmückt die reich verzierte Fassade der Scuola Grande di San Marco.

Renaissance- und byzantinische Einflüsse vereint – entstand im späten 15. Jahrhundert nach Plänen des Baumeisters und Bildhauers Pietro Lombardo. Die weiße Marmorfassade bildet einen herrlichen Kontrast zu dem roten Stein der Basilika. Lange Zeit war nur das von zehn korinthischen Säulen getragene Erdgeschoss, aus dem die ursprüngliche Ausstattung mehrheitlich verschwunden ist, für Besucher geöffnet. Seit 2013 ist auch der vortrefflich restaurierte **Sala Capitolare** im zweiten Stock öffentlich zugänglich. Hier befindet sich eine interessante Sammlung alter medizinischer Fachbücher und Instrumente. Höhepunkte jedoch sind die opulent von Vettor Scienza da Feltre und Lorenzo di Vencenzo da Trento im 16. Jahrhundert verzierte Holzdecke sowie Gemälde diverser Maler mit Szenen aus dem Leben des heiligen Markus.

Campo dei Santi Giovanni e Paolo • Tel. 041/529 4323 • geschl. Mo, So • € • Vaporetto: Ospedale • scuolagrandesanmarco.it

GUT **ESSEN**

■ ALLA RIVETTA
Traditionelle Gerichte wie *fritto misto* oder *Spaghetti vongole* sind die Spezialitäten dieser Trattoria nahe dem Ponte San Provolo.
Salizada San Provolo 4625, Tel. 041/528 7302, €€

■ OSTERIA OLIVA NERA
Diese entzückende Osteria serviert venezianische Küche moderner Prägung. Unbedingt probieren: Meeresfrüchte-Carpaccio oder *fritto misto*.
Castello 3417/3447, Tel. 041/522 2170, €€€

■ TERRAZZA DANIELI
Das Dachrestaurant des Hotels Danieli bietet einen herrlichen Blick auf den Bacino di San Marco und die Häuser der Stadt.
Riva degli Schiavoni 4196, Tel. 041/522 6480, €€€€

Santa Maria Formosa

3 Diese eigenwillige Kirche an einem belebten Marktplatz weist zwei Fassaden, einen ungewöhnlichen Glockenturm und ein fratzenhaftes Steingesicht auf. Erbaut wurde das Gotteshaus im 16. Jahrhundert auf dem Fundament einer abgebrannten Vorgängerkirche. Beim Neubau verzichtete der Baumeister Mauro Codussi darauf, den Grundriss nach dem Vorbild eines griechischen Kreuzes in eine längliche Form wie bei einem lateinischen Kreuz zu verändern. Der Name der Kirche (*formosa* bedeutet »vollbusig«) stammt von einem venezianischen Bischof, dem eine wohlgeformte Jungfrau Maria im Traum erschienen war. Ebenfalls untypisch ist der barocke Glockenturm mit seinen geometrischen Figuren und der skurrilen Steinmaske, *mascherone* genannt – einer bärtigen Figur mit hervor-

stehenden Zähnen, die bewusst am Fuße des Turms angebracht wurde – um Dämonen abzuschrecken. Im Kircheninneren jedoch dominieren traditionelle religiöse Motive wie etwa Tiepolos *Madonna und Kind mit Hl. Dominikus*, Bassanos *Letztes Abendmahl* und das Polyptychon *Heilige Barbara* von Palmi il Vecchio.

Campo Santa Maria Formosa • Tel. 041/523 4645 • geschl. So • € • Vaporetto: Ospedale, Rialto, San Zaccaria • santamariaformosa.it

Riva degli Schiavoni

4 Auf dieser beliebten, zwischen **Piazza San Marco** (siehe S. 58–59) und **Arsenal** (siehe S. 82–83) gelegenen Uferpromenade mit den Essens- und Kunsthandwerksständen, Cafés, Anlegestellen und Bacino di San Marco herrscht immer große Betriebsamkeit. Namensgeber dieses Kais, an dem früher Renaissancepaläste standen, von denen einige später in Hotels umgewandelt wurden, waren slawische Seeleute, die einst die Adria zwischen Venedig und der dalmatischen Küste befuhren. Auf etwa halber Strecke befindet sich das Reiterdenkmal zu Ehren Viktor Emanuels II., des ersten König Italiens.

Zwischen Rio di Palazzo und Rio Ca' di Dio am Bacino di San Marco • Vaporetto: Arsenale, San Marco, San Zaccaria

La Pietà

5 Dieses Gotteshaus aus dem 18. Jahrhundert, aufgrund der Verbindung mit dem weltberühmten Komponisten manchmal auch »Vivaldi-Kirche« genannt, wurde für das Ospedale della Pietà erbaut. Es diente als Kloster, Waisenhaus und Musikschule, an der Vivaldi Geigenunterricht gab und zwischen 1703 und 1740 immer mal wieder als Chorleiter auftrat. Auch komponierte er Musikstücke mit oder ohne Gesang zur Aufführung in der Vorgängerkirche, die ebenfalls La Pietà hieß. Mit dem Bau der heutigen Kirche, einer Kopie der Vorgängerkirche, wurde erst Jahre nach dem Tod des verantwortlichen Baumeisters Giorgio Massari begonnen. Dank der ovalen Bauform ist die Akustik im Kircheninneren großartig, ein Umstand, von dem Besucher sich selbst während eines der vielen

Das Altargemälde *Verkündigung Mariä* in La Pietà.

Konzerte überzeugen können. Seit 2011 spielt hier das Hausorchester **I Virtuosi Italiani** *(Tel. 366/403 9753, €€€€€, chiesavivaldi.it)*. Zu den Kunstwerken in La Pietà zählen Tiepolos Deckengemälde *Krönung Marias im Himmel* und das Altargemälde *Verkündigung Mariä* von Giambattista Piazzetta und Giuseppe Angeli.

Riva degli Schiavoni • Tel. 041/522 2171 • geschl. Mo • € • Vaporetto: San Zaccaria • chiesavivaldi.it

Scuola di San Giorgio degli Schiavoni

6 Der Hauptsitz einer weiteren katholischen Bruderschaft, die im Mittelalter und der Renaissance florierte, liegt etwas versteckt an einem Kanal unweit der Riva degle Schiavoni. Wie der Name erahnen lässt, waren es auch hier Slawen, dalmatische Zuwanderer, die diese Große Schule zu Ehren der Heiligen Georg, Hieronymus und Tryphon gründeten und Vittore Carpaccio damit beauftragten, deren Porträts

für die Erdgeschosshalle anzufertigen. Das Eindrucksvollste zeigt nicht nur den heiligen Georg als Drachentöter, sondern auch die Überreste der letzten Opfer des Drachens.

Calle dei Furlani • Tel. 041/522 8828 • € • Vaporetto: Arsenale, San Zaccaria

HINTERGRUND

Die 1895 erstmals veranstaltete **Biennale di Venezia** *(Tel. 041/ 521 8711)* ist eine der ältesten und ambitioniertesten Ausstellungen weltweit. Sie findet zwar jährlich statt, allerdings im Wechsel zwischen Kunst in ungeraden Jahren und Architektur in geraden Jahren. Das Ergebnis: eine umfassende, anspruchsvolle und kommerziell erfolgreiche Präsentation zeitgenössischer Ideen. Da sie teils im Arsenal in Castello stattfindet, sind während der Biennale auch Bereiche zugänglich, die sonst geschlossen sind.

Museo Storico Navale

7 Obwohl es von der Marine betrieben wird, liegt das Marine- und Seefahrtmuseum außerhalb des Arsenals – in einem einstigen Kornspeicher aus dem 15. Jahrhundert mit Blick auf den Bacino di San Marco. Die Sammlung des Museums umfasst Werke aus der tausendjährigen Geschichte der Seemacht Venedig – ab dem Mittelalter bis zum Zweiten Weltkrieg. Die über 42 Räume verteilte Sammlung präsentiert neben Marineuniformen, Schiffsmodellen, nautischen Instrumenten und Schiffsbauwerkzeug auch eine Rekonstruktion einer venezianischen Kriegsgaleere, die Dogen-Barke *Scalea Reale* und die prachtvolle Privatgondel der Kunstsammlerin Peggy Guggenheim.

Riva San Biasio 2148 • Tel. 041/244 1399 • geschl. So • €€ • Vaporetto: Arsenale, San Zaccaria • marina.difesa.it

Arsenal

8 Der verwinkelte Komplex im Osten der Stadt war einst die größte Schiffswerft der Welt und die Heimat einer mächtigen Flotte, die Venedigs Vorherrschaft im östlichen Mittelmeerraum sicherte. Heute ist das Arsenal eine riesige multifunktionelle Anlage, die neben Kunst und Wissenschaft auch nach wie vor die italienische Marine beherbergt. Im Arsenal, das im 12. Jahrhundert erbaut wurde, liefen nicht weniger als 3000 Kriegsschiffe für die Handelsfürsten und Söldnerkapitäne der Republik Venedig vom Stapel. In ihrer Blütezeit im 16. Jahrhundert produzierten 16 000 Arbeiter täglich

Der Haupteingang des Arsenals, die Porta Magna, wurde 1460 erbaut.

eine neue Galeere. Mitte des 20. Jahrhunderts waren große Teile des Arsenals verwaist und verfallen. Die Rettung kam mit der **Biennale di Venezia** (siehe S. 82), die heute Teile der Werft für Ausstellungen nutzt. Seitdem wurden viele der alten Werkstätten, Lagerhallen und Trockendocks wieder hergerichtet. In einigen sind sogar Galerien und Forschungslabore ansässig. Wer das Gelände während der Biennale besucht, hat auch Zugang zu Bereichen, die sonst nicht offen sind, wie etwa die **Artiglerie**, die einstige Waffenschmiede, die **Corderia**, wo einst Schiffstaue hergestellt wurden, und die **Gaggiandre**, ein von Arkaden gesäumtes und nach Plänen Jacopo Sansovinos erbautes Trockendock. Auch die **Porta Nuovo**, ein Wachturm aus der napoleonischen Zeit, sowie das Gebäude, das heute das **Besucherzentrum** beherbergt, wurden vollständig restauriert.

Sestiere Castello • Tel. 041/241 2020 • geschl. Sa, So • Vaporetto: Celestia, Bacini/ Arsenal-Nord

Santi Giovanni e Paolo

Renaissance- und Barockschätze in einem gotischen Interieur prägen die mächtige Basilika nahe der Nordküste Venedigs.

Das Interieur der Kirche Santi Giovanni e Paolo, der letzten Ruhestätte von 25 Dogen.

Die zweitbedeutendste Kirche Venedigs, nach der Basilica di San Marco (siehe S. 64–65), ist besser bekannt als San Zanipolo. Ihre gotische Fassade ist reich an auffälligen Details. Neben den steinernen Sarkophagen diverser Dogen befindet sich ein zentraler, von Bartolomeo Bon gestalteter Eingang, der auch eine byzantinische Version der Jungfrau Maria aus dem 13. Jahrhundert und eine Erzengelfigur umfasst. Fast automatisch wandert das Auge zur mächtigen Fensterrosette und den drei weißen Tabernakeln mit Figuren des heiligen Dominicus, des heiligen Peter und von Thomas von Aquin.

■ Das Langhaus

Das hohe Langhaus mit seinen riesigen Säulen wird von einer Reihe monumentaler Grabmäler von Dogen und *condottieri* (Heer- oder Söldnerführer) flankiert, die nichts ausließen, um ihre Vorfahren zu übertreffen. So liegt der Doge Nicoló Marcello oben auf einem eleganten Sarkophag, der Doge Andrea Vendramin unter einem römischen Triumphbogen, während Kapitän-General Niccolò di Pitigliano einen goldenen Hengst reitet. Rechtsseitig verfügt das Langhaus über zwei Barockkapellen und Giovanni Bellinis außergewöhnliches Polyptychon des heiligen Vinzenz. Im Grabmal des Malers Palma des Jüngeren an der Wand vis-à-vis befindet sich eine Tür, die zu einer Sakristei mit Dominikanerkunst aus dem 16. und 17. Jahrhundert führt.

■ Der Hauptaltar

Der hoch aufragende Hauptaltar, den der venezianische Baumeister Baldassare Longhena im 17. Jahrhundert schuf, ist ein wahres Meisterwerk barocker Handwerkskunst. Das Licht, dass beiderseits durch Buntglasfenster im Querschiff – darunter ein Murano-Fenster aus dem 15. Jahrhundert – fällt, beleuchtet die Heiligen auf dem Altar, zu denen auch jene zählen, nach denen man die Kirche benannte.

HINTERGRUND

Einer der schönsten Plätze Venedigs, der **Campo Santi Giovanni e Paolo,** war lange Zeit sehr beliebt bei Künstlern. Canaletto war erst Ende 20, als er den Platz in einem Bild (1724–1726) verewigte, das heute im Museum **Ca' Rezzonico** (siehe S. 138) zu sehen ist. Auf dem Platz befindet sich auch ein Reiterdenkmal zu Ehren des Heerführers Bartolomeo Colleoni – das einzige, das zu Zeiten der Republik entstanden ist.

■ Rosenkranzkapelle

Die ursprüngliche Kapelle wurde 1582 zur Erinnerung an den Sieg Venedigs in der Seeschlacht von Lepanto (siehe S. 70) erbaut. Obwohl bei dem Brand 1867 zahllose Werke Tizians, Bellinis und Tintorettos verloren gingen, ist die rekonstruierte, 1959 fertiggestellte Kapelle aufwendig mit drei runden Deckenpaneelen von Paolo Veronese, Marmorfiguren von Alessandro Vittoria und Werken anderer Renaissancekünstler ausgestattet.

Campo Santi Giovanni e Paolo • Tel. 041/523 7510 • € • Vaporetto: Ospedale • basilicasantigiovanniepaolo.it

Stadt der Seefahrt

Die wichtigste jährliche Feierlichkeit der Durchlauchtigsten Republik Venedig (697–1797) war die »Hochzeit mit dem Meer« am Himmelfahrtstag, bei der der Doge symbolhaft einen gesegneten Ring in die Adria warf – als Sinnbild für die unlösbare Verbindung der Stadt mit dem Meer. Zu jener Zeit fußte Venedigs Wohlstand und Überleben fast ausschließlich auf dem Seehandel und der Stärke seiner Marine.

Eine venezianische Galeere unter Segel.
Gegenüber: Ein Ölgemälde aus dem 16. Jahrhundert, das venezianische Schiffsarbeiter bei der Arbeit zeigt.

Vorherrschaft zu Wasser

Die im Jahr 1200 errichteten Schiffswerften des **Arsenals** (siehe S. 82–83) waren damals die größten Industrieanlagen Europas. Gebaut wurden vorwiegend (geruderte) Galeeren, die für den Mittelmeerraum typischen Schiffe seit der Antike. In seiner Blütezeit im 15. Jahrhundert verfügte Venedig über 3000 Schiffe, auf denen fast 40 000 Einwohner der Stadt als Matrosen dienten.

Viel Geld verdiente Venedig auch mit dem Seetransport von Kreuzrittern, die zwischen dem 11. und 13. Jahrhundert gegen die Muslime in Palästina und Syrien in den Krieg zogen. Die Stadt erhob eine saftige Gebühr für den Transport der Ritter, Pferde und Ausrüstung. Ab etwa 1330 fuhren ganze Galeerenverbände von Venedig ostwärts nach Crimea an der Schwarzmeerküste – um Güter, die über die Seidenstraße aus China kamen, einzuschiffen – oder westwärts auf den Atlantik hinaus, um Häfen in Flandern oder England anzusteuern. Venedigs Hoheit zu Wasser war von vitaler Bedeutung für den Seehandel. Seine Kriegsschiffe eskortierten nicht nur die

Handelsflotten, sie trugen auch brutale Hoheitskämpfe mit Handelsrivalen wie Genua und Pisa aus. Dank seiner Stärke zu Wasser gelang es Venedig, einige Kolonien entlang der östlichen Mittelmeerküste, der Adria und der Ägäis zu gründen.

Überflüssige Flotte

Als im 16. Jahrhundert große Segelschiffe Atlantiküberquerungen ermöglichten und neue Handelsrouten entstanden, nahm der Belang des Mittelmeers stetig ab. Die Segelschiffe konnten mehr Kanonen transportieren und so erwies sich Venedigs Marine kurze Zeit später als veraltet. Das letzte Mal, dass ihre Kriegsgaleeren zum Einsatz kamen, war 1571 bei der Seeschlacht von Lepanto. Danach ging es mit dem Ruhm Venedigs als Seemacht schnell bergab.

DIE **GONDEL**

Im 16. Jahrhundert beförderten etwa 10 000 Gondeln Menschen wie Güter über die Kanäle Venedigs. 1562 erließ die Stadt eine Anordnung, dass eine Gondel jede Farbe haben durfte, solange diese Schwarz war. Gebaut wurden die Gondeln in kleinen Bootswerften, *squeri* genannt. Eine solche Werft in San Trovaso unweit Zattere im Stadtteil Dorsoduro ist noch in Betrieb und kann besichtigt werden (siehe S. 89). Heute gibt es nur noch etwa 500 Gondeln, die ausschließlich Touristen herumschippern.

Fernab des Trubels

Das dichte Gedränge an der Piazza San Marco und auf der Rialtobrücke steht in schrillem Kontrast zu den stillen, unbekannten Flecken Venedigs jenseits der Massen. Wer die ausgetretenen Touristenpfade gerne verlässt und auch mal längere Strecken zu Fuß nicht scheut, für den ist dieses unbekannte Venedig eine verheißungsvolle, willkommene Abwechslung.

■ Ost-Castello

Vor Castellos Ostküste liegen einige kleine Inseln, jede mit ganz eigenen Schätzen. Aus **San Pietro di Castello** ging ab dem 6. Jahrhundert Venedig hervor. Die Burg, nach der man diese Insel benannte, ist zwar verschwunden, aber ein Wahrzeichen blieb ihr: die **Basilika di San Pietro di Castello** *(Campo San Pietro, Tel. 041/275 0462, €)*. Von 1451 bis 1807 war die imposante Renaissancekirche mit dem Glockenturm aus weißem istrischen Kalkstein sogar die offizielle Kathedrale der Stadt. Im Inneren entzückt sie mit Liberis *Die Verdammung der Schlangen* und einer steinernen, teils aus einer arabischen Grabtafel bestehenden Kathedra. Die Nachbarinsel **Sant'Elena** beherbergt den Parco della Rimembranza, Venedigs größten Park mit Alleen, Spielplätzen und Denkmälern zu Ehren von Verdi, Wagner und Gefallenen des Zweiten Weltkriegs.

■ San Trovaso

Das Viertel San Trovaso in Dorsoduro zwischen dem Canal Grande und dem Canale del Giudecca breitet sich um die Kirche und den Kanal gleichen Namens aus. Die **Chiesa di San Trovaso** *(Campo San Trovaso, €)* aus dem 16. und 17. Jahrhundert ist für ihre doppelte Fassade berühmt– die eine zum Kanal gewandt, die andere zum Platz. Entworfen wurde die Kirche von einem Lehrling Andrea Palladios und so ist der Baustil auch unverkennbar palladianisch, trotz der Dreieckgiebel, die an Art déco erinnern. Es heißt, die Kirche wurde deshalb so gebaut, um zwei reichen, rivalisierenden Familien, die San Trovaso finanziell unterstützten, entgegenzukommen. Das skurrile Steingesicht in der Fassade des Glockenturms diente dem Zweck, Dämonen fernzuhalten. Anders als die meisten anderen Kirchen Venedigs ist der Innenraum schlicht geschmückt.

Die alten Holzbauten der Bootswerft *(squero)* von San Trovaso.

Zu den Höhepunkten zählen Gemälde Tintorettos und anderer Renaissancekünstler. Unmittelbar vor der Kirche befindet sich der gleichnamige **squero**, eine kleine sehr aktive Bootswerft, in der viele der Gondeln Venedigs schon mal repariert wurden. Den besten Blick auf die Werft bietet die Fondamenta Nani jenseits des Kanals. Etwas weiter nördlich ist das **Vitraria Glass +A Museum** *(Fondamenta Nani, Tel. 041/098 8122, €)* ansässig. Die Sammlung im Palazzo Nani Mocenigo aus dem 16. Jahrhundert umfasst Glasschmuck, Karnevalsmasken und kunstvolle Flaschen.

■ San Sebastiano

Ein weiterer sehenswerter Teil Dorsoduros ist die Gegend um die **Chiesa di San Sebastiano** *(Campo San Sebastiano, Tel. 041/275 0462, €)*. Wie viele andere wurde auch diese Kirche im 16. Jahrhundert aus Dankbarkeit für die Erlösung von der grassierenden Pest errichtet. Bekannt ist sie vor allem wegen der zahlreichen Werke von Paolo Veronese. Sein gesamtes Schaffensspektrum – neben Deckengemälden auch Fresken und einzelne Gemälde – ist in der Kirche zu sehen. Übrigens wurde Veronese in diesem

Gotteshaus beigesetzt – neben einer markanten Büste des Künstlers. Werke von Tizian, Tintoretto und anderen Renaissancekünstlern vervollständigen die Kunstsammlung der Kirche. Hinter der Brücke liegt die enge Gasse Calle Avogaria. In der ersten Straße links ist das **Teatro a l'Avogaria** *(Corta Zappa, Tel. 041/099 1967, €–€€€)* ansässig, ein sehr beliebtes experimentelles Theater, das 1969 von Giovanni Poli gegründet wurde, der es auch heute noch leitet. Wie eh und je wird eine breite Palette an finsteren Bühnenwerken gezeigt, sowohl klassisch als auch modern. Die meisten Vorstellungen sind zwar in italienischer Sprache, ab und an aber auch auf Englisch. Ganz zeitgemäß: Statt eines Eintrittspreises zahlt man eine freiwillige Spende.

■ Giudecca

Giudecca ist eine stille, fast unentdeckte Inselgruppe vor Venedig – gegenüber San Marco und Zattere. Bekannt sind der Glockenturm der **Basilika di San Giorgio Maggiore** *(Isola di San Giorgio Maggiore, Tel. 041/522 7827)* und auch das noble **Hotel Cipriani** *(Tel. 041/240 801)*. Selten verirren sich Besucher an andere Orte auf der Insel. Etwas versteckt in der einstigen Klosterschule hinter der Kirche findet man **Le Stanza del Vetro** *(Tel. 041/522 9138, €€)*, eine moderne Ausstellungsfläche mit Innen- und Außenbereich, in der moderne Glaskunst ausgestellt ist. Zu den weiteren sehenswerten Highlights auf der mit einem Vaporetto erreichbaren Inselgruppe zählt auch die **Chiesa del Santissimo Redentore** *(Campo del SS. Redentore, Tel. 041/275 0462, €)* hoch über dem Canale della Giudecca, eines der imposantesten Werke Andrea Palladios. Die klassische Fassade, für die Palladio sich vom alten Rom inspirieren ließ, wird von einer riesigen Kuppel und zwei baugleichen Glockentürmen überragt – eine Seltenheit in Venedig. Jedes Jahr im Juli ist die Kirche der Schauplatz für die **Festa del Redentore** (siehe S. 129) und in dieser Zeit ist sie über eine Pontonbrücke mit Zattere verbunden. **Mariano Fortunys** einstiges Wohnhaus mit Werkstatt *(Fondamenta S. Biogio 805, Tel. 393/825 7651)* ist heute ein Showroom, in dem teure Stoffe, Möbel und Accessoires des Haute-Couture-Maestros gezeigt werden. Anders als die Fabrik kann der Garten nach Voranmeldung besichtigt werden. Wer Badesachen dabeihat, kann sich in der städtischen **Piscina Communale di Sacca Fisola** *(Sacca Fisola, Tel. 041/528 5430, €€)*, einem Hallenbad, das man vom Hauptteil der Insel über eine Fußgängerbrücke erreicht, eine Abkühlung gönnen.

■ Isola di San Michele

Auf dieser fast völlig quadratischen Insel zwischen Cannaregio und Murano befinden sich der größte Friedhof und die erste Renaissancekirche der Stadt. Der Glockenturm der Kirche ist gotisch und gehörte zur Vorgängerkirche, die im späten 15. Jahrhundert mit der heutigen **Chiesa di San Michele in Isola** *(Isola di San Michele, Tel. 041/ 522 4119, €)* hoch über der Küstenlinie verschmolz. Wenngleich das vom berühmten Baumeister Mauro Codussi entworfene Gotteshaus aus weißem istrischen Stein und roten Ziegelsteinen erbaut wurde, hinterlässt es einen harmonischen Gesamteindruck. Gewidmet wurde die Kirche dem Erzengel Michael, der in der Himmelspforte als Seelenwäger beim Jüngsten Gericht zu sehen ist. 1807 erhielt die Insel einen multikonfessionellen Friedhof, den man über die Kreuzgänge neben der Kirche erreicht. Zu denen, die hier ihre letzte Ruhe fanden, zählen neben Igor Stravinsky auch Ezra Pound und Joseph Brodsky (beide Poeten), der Mathematiker Christian Doppler sowie der mexikanische Prinz Don Salvador de Iturbide.

Der Friedhof der Isola di San Michele und dahinter die Kirche San Cristoforo.

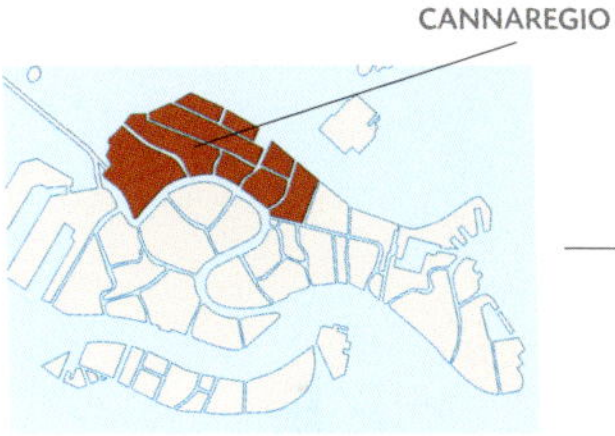

Cannaregio

Cannaregio, das nördlichste und zweitgrößte der sechs *sestiere* Venedigs, ist ein sehr lebendiger Stadtteil. Die wichtigste Straße, die Strada Nova, ist eine für Venedig ungewöhnlich breite Straße, die während der französischen Zeit im 18. und 19. Jahrhundert angelegt wurde. Der Name Cannaregio ist von dem Wort *canne*, Reet, abgeleitet, einem Gewächs, das hier in den Sümpfen wuchs, bevor man diese zum Zwecke der Landgewinnung trockenlegte. Das größtenteils bewohnte Gebiet ist seit jeher die Heimat der jüdischen Bevölkerung und weist eine Menge historische Highlights auf, wie zum Beispiel die Kirche I Gesuiti und die Ca' d'Oro, der gotische Palast am Canal Grande, der heute eine Kunstgalerie beherbergt. Im Nordosten des Stadtteils erstreckt sich die weite Lagune zur großen Freude der Ruder- und SUP-Vereine, deren Mitglieder hier tagtäglich ihre langen Riemen schwingen – im Sitzen wie im Stehen. Abends kehrt Leben ein in das Viertel, in dem sich einige der besten *bacari* (Weinbars) der Stadt befinden.

◀ Viele der schmalen Kanäle in Cannaregio sind von Häusern mit bunten Fassaden flankiert.

Cannaregio

Eine hochmoderne Brücke, mittelalterliche Häuser und eine grandiose Kirche mit Marmorfassade sind die Highlights dieses beschaulichen Stadtteils.

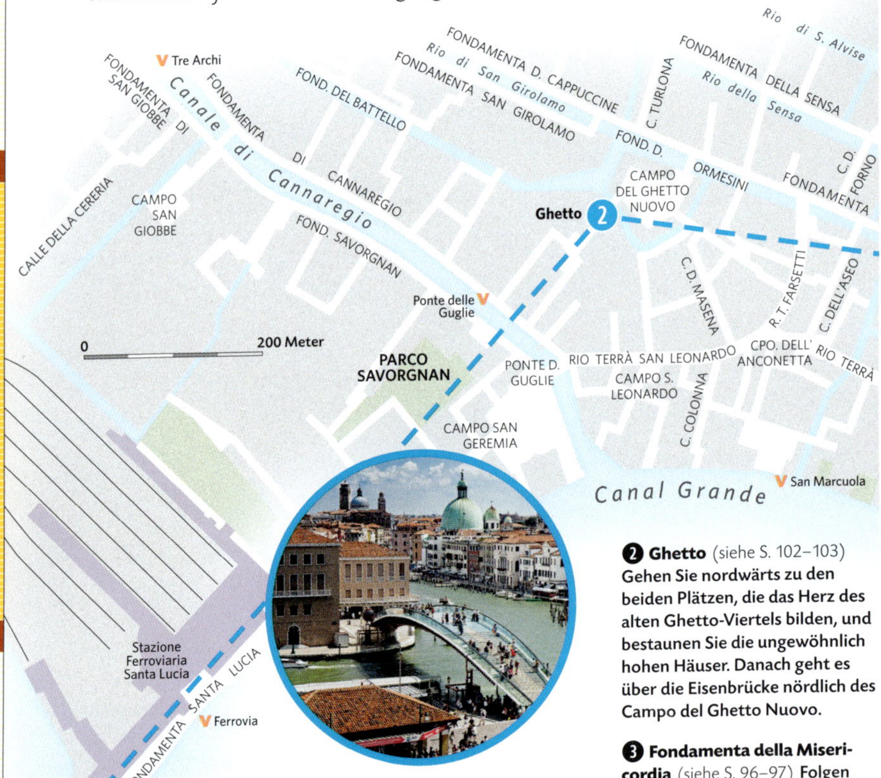

❶ Ponte della Costituzione (siehe S. 96) Vom Piazzale Roma geht es nordwärts über diese fantastische Canal-Grande-Brücke aus Glas und Stahl.

❷ Ghetto (siehe S. 102–103) Gehen Sie nordwärts zu den beiden Plätzen, die das Herz des alten Ghetto-Viertels bilden, und bestaunen Sie die ungewöhnlich hohen Häuser. Danach geht es über die Eisenbrücke nördlich des Campo del Ghetto Nuovo.

❸ Fondamenta della Misericordia (siehe S. 96–97) Folgen Sie diesem Fußweg am Kanal, an dem einladende Weinbars und Esslokale liegen, ostwärts, bevor Sie nordwärts zum Campo dei Mori gehen.

CANNAREGIO STRECKE: ETWA 4,5 KM
DAUER: ETWA 8 STD. START: PIAZZALE ROMA

❹ Madonna dell'Orto (siehe S. 98) Bewundern Sie Tintorettos Werk in dieser hübschen Kirche und gehen Sie zur Strada Nova.

❼ Santa Maria dei Miracoli (siehe S. 100) **Bestaunen Sie die kleine Kirche mit weißer Marmorfassade. Danach nordwärts zur Fondamenta Nuove.**

❽ Gianni Basso (siehe S. 100–101) **Schauen Sie bei dieser alten Druckwerkstatt vorbei. Danach geht es zurück zur Fondamenta Nuove und nordostwärts Richtung Lagune.**

❾ I Gesuiti (siehe S. 101) **Zeit für eine Pause in einem Straßencafé an diesem quirligen Platz, der von einem einstigen Jesuitenkloster und einer großen Kirche dominiert wird.**

❺ Ca' d'Oro (siehe S. 98) **Betrachten Sie diesen herrlichen gotischen Palast am Ufer des Canal Grande. Verlassen Sie den Campo dei Santi Apostoli südostwärts.**

❻ Corte Seconda del Milion (siehe S. 99) **Dieser versteckte Platz hinter dem Rio San Giovanni Crisostomo ist ideal für eine Pause, bevor es weiter nordwärts geht Richtung Campo Santa Maria Nova.**

GUT ESSEN

■ OSTERIA PARADISO PERDUTO
Der freundliche Küchenchef Maurizio serviert ein herrliches Tagesgericht mit Meeresfrüchten und Gemüse, die er auf dem Markt einkauft. Livemusik. **Fondamenta della Misericordia 2540, Tel. 041/720 581, geschl. Di & Mi, €€€**

■ OSTERIA ORTO DEI MORI
Lassen Sie sich die unvergesslichen Gerichte von Chefkoch Lorenzo aus Sizilien und die große Auswahl an italienischen Weinen nicht entgehen. Im Sommer wird das Essen an Tischen auf dem Platz serviert. **Campo dei Mori 3386, Tel. 041/524 3677, geschl. Di, €€**

■ VINO VERO
Sind in dieser netten Weinbar alle Fensterplätze belegt, dann setzen Sie sich einfach mit Ihrem Wein und *cicchetto* an einen Tisch am Wasser. **Fondamenta della Misericordia 2497, Tel. 041/275 0044, geschl. Mo, €**

Ponte della Costituzione

1 Die »Brücke der Verfassung«, ein Bauwerk aus weißem Marmor, Glas und Stahl, überspannt den Canal Grande am nördlichen Ende und verbindet den Piazzale Roma und die Busstation mit dem Bahnhof und Cannaregio. Die vom spanischen Architekten Santiago Calatrava entworfene Brücke – auch Ponte di Calatrava genannt – ist die vierte über den Canal Grande und die einzige neue Brücke seit dem Ende des Faschismus. Das riesige harfenförmige Bauwerk wurde 2008 fertiggestellt, ist 88 Meter lang und bietet eine herrliche Aussicht. Nach ihrer Fertigung am Festland wurde die Brücke zum Bestimmungsort geschleppt – bei Niedrigwasser, damit die Academia- und die Rialtobrücke passierbar waren.

Piazzale Roma • Vaporetto: Piazzale Roma

Ghetto

2 (siehe S. 102–103)

Campo del Ghetto Nuovo und Campo del Ghetto Vecchio • Vaporetto: Ponte delle Guglie

Fondamenta della Misericordia

3 Getreu ihrem venezianischen Namen ist diese *fondamenta* ein Fußweg am Canale della Misericordia – und mit den zahllosen schönen Häusern und Palästen sowie Restaurants und Weinbars der ideale Ort für ein leichtes Mittagessen. Empfehlenswert ist etwa die **Osteria da Rioba** *(Fondamenta della Misericordia 2553, Tel. 041/524 4379, geschl. Mo, €€)* mit ihrer Terrasse. Ihren Namen verdankt diese Fondamenta der monumentalen **Scuola Nuova di Santa Maria della Misericordia** *(Campo della Misericordia)*, einer wohltätigen Bruderschaft am

östlichen Ende der Straße. Das 1534 nach Plänen des Baumeisters Sansovino erbaute Anwesen diente schon als Kaserne, Turnhalle und Basketballarena, wird aber heute gelegentlich für Ausstellungen genutzt. So präsentierte der belgische Bildhauer Jan Fabre hier seine modernen Skulpturen. Verpassen Sie nicht den etwas eigenwilligen Schrein nebenan, welcher die Fähren zeigt, die hier einst zu den nördlichen Inseln ablegten. Die Holzbrücke führt zu einem ungewöhnlichen, bepflasterten Vorplatz und zur eleganten Kirche **Abbazia della Misericordia**, in der auch Ausstellungen stattfinden. Filmfans folgen der Fondamenta und überqueren die schmale Brücke ... Kommt sie Ihnen bekannt vor? Zu sehen war sie in *Wenn die Gondeln Trauer tragen* mit Donald Sutherland (1973). Unweit folgt eine weitere sehr alte Brücke, die anders als alle anderen Brücken Venedigs kein Geländer besitzt.

Rio della Misericordia • Vaporetto: Madonna dell'Orto

Venezianer beim Mittagessen an der Fondamenta della Misericordia.

Madonna dell'Orto

4 In dieser ungewöhnlich hohen Kirche erwartet Sie nicht nur das Grabmal des großen venezianischen Renaissancekünstlers Jacopo Tintoretto, sondern auch einige seiner grandiosen Werke, wie etwa *Marias Tempelgang* und *Das Jüngste Gericht* – Tintorettos Antwort auf Michelangelos Sixtinische Kapelle in Rom. In der Fassade ist eine Christophorusfigur, der Schutzpatron der Reisenden, zu sehen, der die Schiffer auf ihrer Fahrt zu den Inseln jenseits der Lagune beschützen sollte. Jenseits der Brücke liegt der beschauliche Campo dei Morti, der eine Kuriosität aufweist: Die Fassade dreier Hausecken ist mit einer Skulptur jener Moren geschmückt, die in Wirklichkeit Rioba, Sandi und Afani Mastelli hießen und griechische Kaufleute von der Halbinsel Peleponnes waren! An der linken Seite des Platzes liegt Tintorettos Geburtshaus, an dessen Fassade eine Gedenktafel hängt.

Campo Madonna dell'Orto • Tel. 041/719 933 • Eintritt gegen eine Spende • Vaporetto: Campo della Madonna dell'Orto • madonnadellorto.org

Ca' d'Oro

5 Stellen Sie sich auf den Balkon im ersten Stock und bestaunen Sie die opulent verzierte, mit Bogenfenstern ausgestattete Fassade und die schlanken Marmorsäulen dieses prächtigen gotischen Palastes am Canal Grande. Hinter der einst mit Blattgold überzogenen Fassade, daher der Name, befindet sich schon seit Langem die **Galleria Giorgio Franchetti**, benannt nach dem Baron, der den Palast restaurieren ließ und später dem Staat vermachte. Zur Sammlung gehören Skulpturen von Tullio Lombardo, *Der heilige Sebastian* von Mategna sowie Tizians *Venus*. Sehenswert ist auch der Mosaikfußboden im Parterre, der aus unzähligen geometrischen Figuren und Steinen unterschiedlicher Färbung besteht.

Calle Ca' d'Oro 3932 • Tel. 041/522 2349 • €€ • Vaporetto: Ca' d'Oro • cadoro.org

CLEVER **REISEN**

Wer will, kann sich einer der drei Führungen anschließen, die im Eintrittspreis inbegriffen sind. Außerdem zählt die **Ca' d'Oro** neben der **Galleria dell'Accademia** (siehe S. 140–143) und dem **Palazzo Grimani** (siehe S. 37) zu den staatlichen Museen, zu denen der Eintritt am ersten Sonntag im Monat für jeden frei ist – also auch für Besucher aus dem Ausland.

Schüler malen die geometrischen Fußbodenfiguren in der Ca' d'Oro nach.

Corte Seconda del Milion

6 Überdachte Fußwege, *sotoportegi*, führen zu diesem etwas versteckten Platz in Cannaregio. Bekannt wurde der Platz mit einem Brunnen und gotischen Häusern durch die Tatsache, dass sich hier einst das Wohnhaus Marco Polos, des weltberühmten Seefahrers aus dem 13. Jahrhundert, befand. Der Name des Platzes verweist auf die »Millionen« freierfundenen Geschichten, die Polo in seinen Memoiren hinterließ. Angeblich war das **Teatro Malibran** *(Calle Maggioni, Tel. 041/786 603, €€€€€, teatrolafenice.it)* nebenan ursprünglich dort vorgesehen, wo Polos Haus stand. Benannt wurde das Theater, das heute von der namhaften Oper La Fenice für Vorstellungen mit einer etwas intimeren Atmosphäre genutzt wird, nach der spanisch-belgischen Sopranistin Maria Malibran (1808–1836).

Salizada San Giovanni Crisostomo • Vaporetto: Rialto, Ca' d'Oro

Santa Maria dei Miracoli

7 Statten Sie auch dieser prachtvollen kleinen Renaissancekirche einen Besuch ab. Schon die mit hellem Marmor verkleidete Fassade ist sehr sehenswert. Erbaut wurde die Kirche im 15. Jahrhundert nach Plänen des toskanischen Baumeisters Pietro Lombardo und dessen Söhnen, um einem Marienbild, von dem man glaubte, es wirkte Wunder, einen ehrwürdigen Rahmen zu geben. Angeblich erhielt die Kirche deshalb ihre Verkleidung, weil beim Bau des **Markusdoms** (siehe S. 64–65) so viel Marmor übrig geblieben war. Im Inneren entzückt das Gotteshaus mit einer Kassettendecke mit Porträtmalereien und einer hohen, fein ziselierten Altartreppe. **Chorus-Pass**-Inhaber (siehe S. 176) haben freien Zutritt.

Campo dei Miracoli • Vaporetto: Fondamenta Nuove

Gianni Basso

8 Die kleine altmodische Druckwerkstatt von Gianni Basso liegt in einer engen Gasse, die zur Lagune und zur Fondamenta Nuove führt. Sein Fach lernte Basso von armenischen Mönchen auf der Insel San Lazzaro, einem namhaften Zentrum des Druckwesens. Bassos Laden, in dem man neben Kunsthandwerk auch Handabdrücke, nostalgische Geschäftskarten, Lesezeichen, Briefpapier und Exlibris findet, wird auch regelmäßig von Promis besucht. Basso nimmt auch

Die herrliche Fassade der Kirche Santa Maria dei Miracoli, auch Marmorkirche genannt.

Auftragsarbeiten an und verfügt über eine breite Palette an erstklassigen Stempeln aus dem 19. Jahrhundert.

Calle del Fumo 5306 • Tel. 041/523 4681 • geschl. So • Vaporetto: Fondamenta Nuove

I Gesuiti

9 Die Kirche Santa Maria Assunta detta I Gesuiti, kurz I Gesuiti, ragt hoch empor über dem Campo dei Gesuiti, der sich zur Lagune hin öffnet. Errichtet wurde die Kirche im 18. Jahrhundert im Auftrag der Gemeinde der Jesuiten, die 50 Jahre lang aus der Stadt verbannt gewesen waren. Schon die enormen Statuen, die vom Eingangsportal hinunterzukippen scheinen, sind respekteinflößend. Im barocken Interieur zieht der grüne und grauweiße Stein die Aufmerksamkeit auf sich, mit dem fast alle Flächen verkleidet wurden. Nicht verpassen sollten Sie Tizians furchterregendes Gemälde *Martyrium des Heiligen Laurentius* nahe dem Eingang, die schön bemalte Holzdecke in der Sakristei und den Hauptaltar mit den gedrehten Säulen.

Ausschnitt aus dem Deckengemälde in der Kirche I Gesuiti, das Marias Himmelfahrt zeigt.

Erkunden Sie auch die stillen Kreuzgänge der ehemaligen Klosteranlage, die heute Uni-Studenten als Unterkunft dient. Abends verwandeln Kinder aus der Nachbarschaft den Campo mit seinen Sitzbänken und Trinkwasserbrunnen in einen Bolzplatz. Wer will, kann am Ende eines langen Tages ein Eis, einen Drink oder eine leichte Mahlzeit in einem der einladenden Cafés genießen.

Chiesa di Santa Maria Assunta, Campo dei Gesuiti • Tel. 041/528 6579 • um Spenden wird gebeten • Vaporetto: Fondamenta Nuove

Ghetto

Cannaregios Ghetto erstreckt sich über zwei Plätze. Der Begriff »Ghetto« stammt übrigens von hier und verweist auf die Gießerei, die dort stand.

Die Synagoge Levantine aus dem 16. Jahrhundert am Campo del Ghetto Vecchio.

Auch wenn nachweislich bereits im 5. Jahrhundert Juden in Venedig und Umgebung gelebt haben, suchte erst nach 1492, als die Juden in Spanien und Portugal verfolgt wurden, eine größere Zahl Schutz in der Stadt. Im März 1516 ordnete die Durchlauchtigste Republik Venedig eine Umsiedlung der Juden nach Cannaregio an – fernab des wirtschaftlichen und politischen Zentrums der Stadt. Das ist 500 Jahre her. Heute leben die Juden Venedigs verteilt über alle Stadtteile, auch wenn viele immer wieder das Ghetto als Andachtsort besuchen.

■ Das Leben im Ghetto

Das Ghetto war von einer Mauer mit Zugangstoren umgeben, die nachts zugesperrt wurden. Wer den **Campo del Ghetto Nuovo** über die Fondamenta di Cannaregio betritt, kann in den Türstöcken noch die Löcher erkennen, in denen einst die Holztore eingehängt waren. Außerdem fällt auf, dass die Häuser ungewöhnlich hoch sind. Der Grund: Platzmangel. Deshalb erhielten die Häuser mehrere, nicht besonders hohe Stockwerke. Zu den Aktivitäten, denen Juden nachgehen durften, zählten neben ärztlicher Versorgung auch der Handel mit Altkleidung und Bankgeschäfte. Heute findet man hier noch das jüdische Pfandhaus **Banco Rosso.**

■ Die Synagogen

Jede Flüchtlingsgruppe gründete ihre eigene *schola* (Schule) und Synagoge. Heute gibt es noch fünf Synagogen, die man während der tollen Führung *(in englischer Sprache, stündlich ab 10.30 Uhr)* besichtigen kann. Organisiert werden die Führungen vom **Museo Ebraico** *(Jüdisches Museum, Tel. 041/715 359, geschl. Sa, 1. Jan., 25. Dez. und an jüdischen Feiertagen, €€€, Kombiticket Führung und Museum, museoebraico.it)*. Die älteste Synagoge wurde 1528 von deutschen Juden erbaut, die größte 1575 von spanischen. Am stimmungsvollsten sind die kleinen Dachtempel mit ihren Kuppeln.

■ Jüdische Handwerkskunst

Verschiedene jüdische Läden bieten Handwerkskunst an. In **David's Shop** *(Campo del Ghetto Nuovo, Tel. 041/275 0418, geschl. Sa, davidshop.com)* sind handgearbeitete, typisch jüdische Figuren, »Süßigkeiten« und Schachfiguren – alles aus Glas – erhältlich. Für Liebhaber wunderbar illustrierter Teile der Thora ist **The Studio in Venice** *(Campo del Ghetto Vecchio, Tel. 041/520 8997)* die richtige Adresse.

■ Gedenken

Für Venedigs Juden war das Jahr 1797 eine Zeitenwende. Nach dem Einzug französischer Truppen unter Napoleon, der das Ghetto öffnete, folgten friedliche Zeiten. 1943, unter dem Joch des Nationalsozialismus, wurden 200 Juden Venedigs nach Auschwitz deportiert, von denen nur acht zurückkehrten. Auf einer Gedenktafel auf dem Campo del Ghetto Nuovo wird Ihrer mit Namen und Alter gedacht.

Campo del Ghetto Nuovo und Campo del Ghetto Vecchio • Vaporetto: Ponte delle Guglie

Der Palazzo

Auf dem Höhepunkt von Venedigs Blütezeit besaß jede der einflussreichsten Familien ein palastähnliches Haus, meistens am Canal Grande, mit dem sie ihren Reichtum und Status untermauerte. Zumeist trugen solche *palazzi* (Paläste) oder *Ca'* (Kurzform von *casa*, Haus) den Familiennamen, wie die Ca' Pesaro. Heute erfüllen viele dieser Paläste andere Zwecke und gewähren so einen erhellenden Einblick in das Alltagsleben in jenem goldenen Zeitalter der Stadt.

Palazzo Contarini Fasan, Cannaregio. Gegenüber: Canalettos Gemälde zeigt den Canal Grande in südwestlicher Richtung zwischen Rialtobrücke und Ca' Foscari (ca. 1725–1726).

Das Haus des Kaufmanns

Ihren Wohlstand verdankten alle diese Familien dem Handel. Ein Palast war standesgemäß und diente sowohl dem Geschäftlichen als auch dem Privaten. Die Seite zum Kanal hin verfügte im Erdgeschoss über ein Lager, vor dem Schiffe zum Be- und Entladen anlegen konnten. Direkt darüber, im *piano nobile*, der noblen Etage, befanden sich die Wohnräume: luxuriös möblierte und dekorierte Empfangsräume sowie Schlafzimmer mit großen Fenstern, Balkonen und Blick auf den Kanal. Mit jedem Stockwerk nahm die Wohnqualität jedoch merklich ab. Die Bediensteten bewohnten meistens die Räumlichkeiten im Dachgeschoss mit Blick auf die Dachziegel.

Erst steinreich, dann bettelarm

Mit wachsendem Wohlstand und Ansprüchen wurden auch die Paläste am Canal Grande zusehends extravaganter. Als der Doge Francesco Foscari im 15. Jahrhundert seine Ca' Foscari in Auftrag gab, ließ er ein zweites *piano nobile* auf das erste setzen – eine Erweiterung, die bald zum Standard wurde. In der gleichen Zeit ließ die Familie Contarini die Ca' d'Oro (siehe S. 98) mit einer aufwendigen gotischen Fassade ausstatten. Im 16. Jahrhundert wich dieser Baustil einem klassischen Renaissancestil, wie der Palazzo Grimani zeigt. Im 17. Jahrhundert, als die Ca' Pesaro (siehe S. 116–117) entstand, hatten Paläste grandiose Barockfassaden aus istrischem Stein.

Als der Wohlstand der Kaufmannsfamilien und damit auch ihre Macht dahinschwand, neigte sich auch die Ära der Paläste dem Ende zu. Die Instandhaltung der überdimensionierten Anwesen erwies sich oft als so teuer, dass zahlreiche Paläste in die Hände wohlhabender, kunstliebender Ausländer gerieten und viele im Laufe des 20. Jahrhunderts in Universitätsgebäude, Apartmenthäuser, Hotels oder Museen umfunktioniert wurden.

PALAST**FASSADEN**

Gotik (13. bis 15. Jh.) Die Fassaden waren mit spitzen Bogenfenstern und filigranem Maßwerk ausgestattet – siehe **Dogenpalast** (S. 66–67).

Renaissance (15. & 16. Jh.) Die Paläste haben klassische Proportionen und Fassaden mit runden Bogenfenstern und kannelierten Säulen, **The Gritti Palace** (siehe S. 32).

Barock (17. Jh.) Die Paläste sind unvermindert klassisch, die Fassaden aber kunstvoller und mit gemeißelten Festons, Putten und Blattwerk ausgestattet. Die **Ca' Rezzonico** (siehe S. 138) gilt als schönes Beispiel.

CANNAREGIO

bacari

Ein Venedig-Besuch ist erst perfekt, wenn man eine der einladenden *bacari* oder Osterien, die typischen Weinbars der Stadt, besucht hat. Sie sind beliebt bei den Einheimischen, die hier vor dem Mittag- oder Abendessen einfallen, um etwas zu trinken. Die meisten dieser Lokale sind jedoch sehr klein und daher für Menschen mit Berührungsängsten nicht empfehlenswert.

■ Osteria al Timon

Das überwiegend junge Publikum dieser Bar in Cannaregio sitzt entweder draußen auf der *fondamenta* oder auf einem der zwei vor dem Lokal vertäuten alten Kähne. Diese »Ruder«-Bar ist sehr beliebt, nicht zuletzt wegen der kleinen runden Toastbrötchen, die hier mit allerlei Köstlichkeiten wie Käse, Tomaten, Salami und Grillgemüse belegt serviert werden.

Fondamenta Ormesini 2754 • Tel. 041/524 6066 • € • Vaporetto: San Marcuola

■ Un Mondo di Vino

Probieren Sie in dieser ehemaligen Metzgerei eine *polpetta di pesce* (Fischpastete) oder eine *sarda beccafico* auf sizilianische Art – gefüllte und gegrillte Sardine, selbstverständlich fangfrisch – und trinken Sie am besten ein Glas Friaul-Wein dazu.

Salizada San Canciano 5984/A • Tel. 041/521 1093 • geschl. Mo • € • Vaporetto: Ca' d'Oro

■ Osteria Casa della Corte

Dieses Lokal in Cannaregio gehört dem lokalen Gemüsehändler Oliver und ist einen Besuch wert. Man sitzt in einem schattigen Innenhof, wo man sich entspannt mit einem Drink und Saltimbocca mit Tomatensauce zurücklehnen kann. Mutige probieren *nervetti*, Kalbssehnen, mit rohen Zwiebeln oder Spieße mit *spienza*, in Scheiben geschnittener Milz.

Ramo del Magazen 1642 • Tel. 041/476 0612 • € • Vaporetto: San Marcuola

■ Osteria dal Riccio Peoco

Cannaregios »kahler Igel« ist eine etwas verrückte Bar, in der zu Livemusik herrliche, mit zarter Salami gefüllte Paninorollen serviert werden. Stellen Sie Glas und Teller einfach auf dem Fass draußen vor der Tür ab und lassen Sie die Welt vorbeiziehen.

Campo dei Santi Apostoli 4462 • Tel. 041/241 0162 • € • Vaporetto: Ca' d'Oro

CA' D'ORO ALLA VEDOVA

Die Bar »Zur Witwe« in Cannaregio ist für ihre *polpette* (frittierte Fleischbällchen, angeblich die besten der Stadt) berühmt und kredenzt hier bereits seit 130 Jahren Wein. Wer keinen Tisch reserviert hat, dem bleibt »nur« ein Stehplatz an der Theke unter der niedrigen, mit zahlreichen Kupfertöpfen behangenen Decke.

Calle del Pistor 3192 • Tel. 041/528 5324 • € • Vaporetto: Ca' d'Oro

BACARANDO IN CORTE DELL'ORSO

Wer diese etwas versteckte Weinbar in San Marco sucht, folgt ab dem Campo San Bartolomeo einfach den Toilettenschildchen. Die Bar liegt um die Ecke in einem überdachten Bogengang. Zu den köstlichen

WAS **BESTELLEN?**

Ombra: ein Glas Hauswein aus der Korbflasche

Vino al calice: ein Glas eines der an einer Tafel vermerkten Flaschenweine, meistens aus der Veneto-Region oder dem benachbarten Friaul

Spritz: ein beliebtes lokales Getränk, das aus kaltem Weißwein, Soda und einem gehörigen Schuss Campari Bitter, Select oder Aperol besteht, oft mit einer Olive und einer Scheibe Orange oder Zitrone garniert

Cicchetti: köstliche, auf der Theke ausgestellte Häppchen

Gäste der Ca' d'Oro alla Vedova in Cannaregio genießen ein Glas Wein und ein Häppchen.

Jakobsmuscheln gehören zu den Gerichten, die gemeinhin als *cicchetti* serviert werden.

cicchetti zählen in Scheibchen geschnittenes französisches Brot mit cremigem Käse und *sfilaceti* (getrocknetes Pferdefleisch) sowie *baccalà* (gepökelter Kabeljau).

Sotoportego de l'Orso 5496 • Tel. 041/523 8280 • € • Vaporetto: Rialto

■ Bacaro da Fiore

Dieses belebte Familienlokal nahe dem Campo Santo Stefano in San Marco ist stolz auf seine Gerichte mit Meeresfrüchten. Auf der Theke ist eine faszinierende Auswahl an Saisongerichten ausgestellt. Je nach Jahreszeit gibt es *seppioline ai ferri* (gegrillten Zwergtintenfisch) oder *moeche fritte* (kleine Muscheln mit weichen Schalen). Als Ganzjahresgerichte werden neben *baccalà mantecato* (gepökelte Kabeljaucreme) auch *sarde in saor* (ein venezianisches Gericht mit in Essig und Zwiebeln marinierten Sardinen mit Korinthen und Pinienkernen) angeboten. Wenn die kleinen Häppchen Appetit auf mehr machen, bleiben Sie am besten gleich zum Abendessen da.

Calle de le Boteghe 3461 • Tel. 041/523 5310 • € • Vaporetto: San Samuele

■ Antica Osteria Ruga Rialto

Lassen Sie sich nicht von der etwas finsteren Atmosphäre in diesem netten Lokal in San Polo irritieren, in das die Venezianer am frühen Abend einfallen, wenn Platten mit Fisch und Meeresfrüchten aus der Küche kommen: Frittierte Zwergtintenfische, Kalmare und Fisch im Teigmantel werden auf kleinen Tellern serviert – selbstverständlich mit einer Karaffe gutem Wein. Alles unter dem wachsamen Blick der Hauskatze auf dem Weinregal …

Ruga Vecchia San Giovanni 692A • Tel. 041/521 1243 • € • Vaporetto: Rialto

■ Cantina Do Mori

Die 1462 gegründete und vermutlich älteste Weinbar Venedigs ist in San Polo beheimatet. An der Decke hängen alte Kupfertöpfe und der Hauswein wird aus großen Korbflaschen oder ausgewählten Flaschen ausgeschenkt. Zu den vortrefflichen *cicchetti* gehören Spieße mit Zwergtintenfisch, Artischocke, gratinierten und getrockneten Tomaten und gegrillter Aubergine.

Calle dei Do Mori 429 • Tel. 041/522 5401 • geschl. So • € • Vaporetto: Rialto

■ Osteria alla Bifora

Das Schönste an dieser Weinbar ist ihr Standort: ein lebhafter Platz in Dorsoduro, der bei Einheimischen wie Studenten gleichermaßen beliebt ist. Der Name der Bar ist eine Hommage an die eleganten Bogenfenster im Lokal. Unbedingt probieren sollten Sie sein Markenzeichen: die Platte mit aromatischem, in Scheiben geschnittenem Parmaschinken und Salami.

Campo Santa Margherita 2930 • Tel. 041/523 6119 • €€ • Vaporetto: Ca' Rezzonico

■ Cantina del Vino già Schiavi

Die unter Einheimischen als »Al Bottegon« (großer Laden) bekannte Weinbar in Dorsoduro verkauft süffige Weine und einfache Snacks wie etwa Mortadella, eingelegte Gurken und kleine Wurstbrötchen. Die Gäste sitzen meistens direkt vor dem Laden am Wasser und auf der Brücke. Wer noch eine Flasche Wein für abends sucht, wird hier bestimmt fündig.

Fondamenta Nani 992 • Tel. 041/523 0034 • € • Vaporetto: Accademia

■ Osteria da Codroma

Dieses holzgetäfelte Lokal in Dorsoduro ist Anlaufstelle für Studenten und Mitarbeiter der nahen Uni. Lassen Sie die lockere Atmosphäre mit einem Glas Wein und ein paar Häppchen auf sich wirken und ihren Blick über die Bilder an den Wänden wandern.

Fondamenta Briati 2540 • Tel. 041/524 6789 • € • Vaporetto: San Basilio

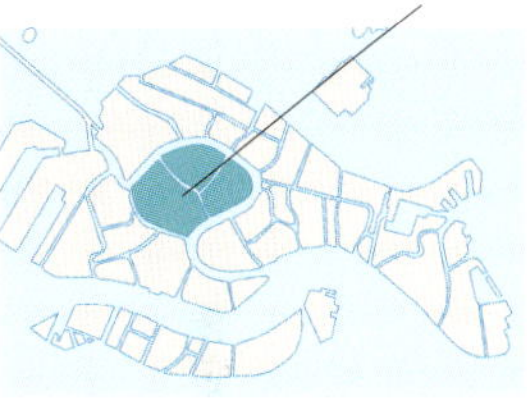

San Polo & Santa Croce

Das in der großen Schleife des Canal Grande gelegene San Polo ist Venedigs ältestes Stadtviertel. Bereits um 800 wurde das Gebiet – das man Rivoaltus (»Hohe Bank«) nannte, da es in der Lagune am höchsten lag – besiedelt und um 1400 war es das Wirtschaftszentrum der Stadt.

Zu den Hauptsehenswürdigkeiten zählen neben dem Ponte di Rialto und dem Mercato di Rialto im Osten des Viertels auch die herrliche Scuola Grande di San Rocco mit zahlreichen Werken Tintorettos. Santa Croce wartet mit der Ca' Pesaro, einem außergewöhnlichen Museum für moderne Kunst, und dem Palazzo Mocenigo mit seiner reichen Sammlung venezianischer Kostüme auf. In beiden *sestiere* befinden sich auch einige sehenswerte Kirchen wie etwa die Basilica di Santa Maria Gloriosa dei Frari, die Chiesa di San Giacomo dall'Orio oder die Chiesa di San Polo.

◀ Einheimische auf einer Terrasse in San Polo, nahe dem Mercato di Rialto, genießen den Blick auf den Canal Grande.

San Polo & Santa Croce

Genießen Sie den Anblick und die Geräusche des Marktlebens und bestaunen Sie Kunstwerke von Tintoretto bis Tizian und von Klimt bis Kandinsky.

3 Ca' Pesaro (siehe S. 116–117) **Bewundern Sie Werke großer Meister in diesem Museum für moderne Kunst in einem Palazzo aus dem 17. Jahrhundert, bevor Sie nordwestwärts der Fondamenta de Ca' Pesaro und südwärts der Fondamenta Mocenigo folgen.**

4 Palazzo Mocenigo (siehe S. 117) **Betrachten Sie die fantastischen Kostüme von Venedigs einstiger Oberschicht. Folgen Sie der Calle del Tintor westwärts und der Calle Larga Rosa in südlicher Richtung.**

5 Chiesa di San Giacomo dall'Orio (siehe S. 118) Lassen Sie das schlichte Interieur dieser alten Kirche, die vermutlich nach einem Loorbeerbaum (it. *alloro*) benannt wurde, der sich auf dem Platz davor befand, auf sich wirken. Danach geht es weiter südwärts Richtung Campo San Rocco.

6 Santa Maria Gloriosa dei Frari (siehe S. 120–121) **Sehen Sie sich die große Kunst- und Skulpturensammlung an, zu der auch Werke von Bellini, Tizian, Canova und Donatello zählen. Die Scuola Grande di San Rocco liegt unmittelbar hinter der Kirche.**

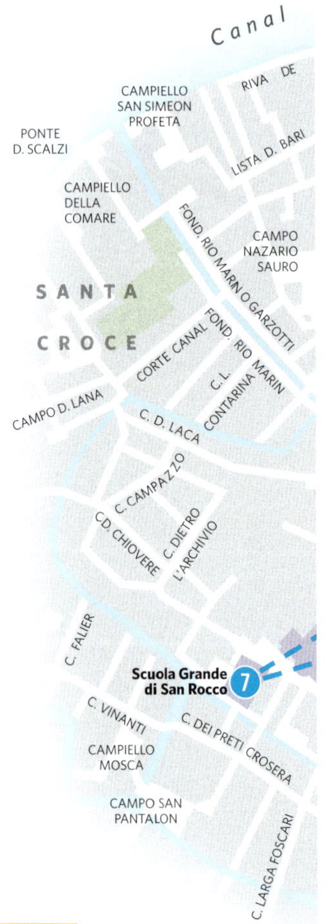

SAN POLO & SANTA CROCE STRECKE: 2,2 KM
DAUER: ETWA 6 STD. START: PONTE DI RIALTO

❷ Mercato di Rialto (siehe S. 114–115) **Entdecken Sie den Markt und frühstücken Sie in einem der Cafés dort, bevor Sie in nordwestlicher Richtung den Straßen parallel zum Canal Grande folgen.**

❶ Ponte di Rialto (siehe S. 114) **Genießen Sie den herrlichen Blick auf den Canal Grande vom höchsten Punkt der Brücke aus und überqueren Sie dann den Campo San Giacomo di Rialto.**

❼ Scuola Grande di San Rocco (siehe S. 122–125) **Verpassen Sie Tintorettos Werke in der zweiten Etage nicht. Gehen Sie zurück, folgen Sie dem Rio Terrà Cazza nordwärts und dann der Calle Corner.**

❽ Campo San Polo (siehe S. 118–119) **Machen Sie es wie die Venezianer und lassen Sie den langen Tag ausklingen. Vergessen Sie nicht, die schöne Chiesa di San Polo zu bewundern.**

Ponte di Rialto

1 Die Rialtobrücke, die den Canal Grande überspannt und San Marco und San Polo miteinander verbindet, ist Venedigs älteste Brücke und eines seiner Wahrzeichen. Die ursprüngliche Zugbrücke aus Holz musste 1591 einem massiven Bauwerk weichen, das einen mittigen Bogengang mit beiderseits einer Ladenreihe und zwei äußeren Gehwegen aufweist. In den 24 Läden werden vor allem Souvenirs verkauft, aber auch Glaskunst, Schmuck, Lederwaren und Seide. Der höchste Punkt der Brücke bietet einen grandiosen Blick auf den Canal Grande in beide Richtungen. Westlich der Brücke direkt am Canal befindet sich die **Riva del Vin**. Der Name verweist auf die Zeit, als hier zahllose Weinkeller und -händler ihre Ware feilboten und ihre Boote mit Wein beladen waren. Die Fässer für den Wein stammten aus der Parallelstraße, der **Calle dei Boteri**.

Riva del Vin • Vaporetto: Rialto Mercato

Mercato di Rialto

2 Der Mercato di Rialto (nur vormittags), bereits seit 1097 der Mittelpunkt des städtischen Lebens Venedigs, erstreckt sich westlich des **Ponte di Rialto** über einen nahezu quadratischen Bereich. Der **Campo Cesare Battisti** beherbergt den bunten Obst- und Gemüsemarkt, wo Produkte der Saison angeboten werden: im Frühjahr Spargel, Springbohnen und Artischocken aus San Erasmo, im Sommer frische Erdbeeren und Feigen und im Herbst Pilze, Kürbisse und Nüsse. Wie es heißt, stammen etwa 80 Prozent der Erzeugnisse aus lokaler Poduktion. Am Rand des Obst- und Gemüsemarkts befinden sich einige Metzgereien, von denen eine (Macelleria Equina) auf Pferdefleisch spezialisiert ist. Hinter dem Obst-

GUT **ESSEN**

■ ALL'ARCO
Die kleine Osteria serviert köstliche *cicchetti* und Weine für relativ wenig Geld. Die ideale Anlaufstelle nach dem Marktbesuch. **Calle Arco 1451, Tel. 041/520 5666, €** sehr gut

■ AL PROSECCO
Genießen Sie ein leichtes Mittagessen in gemütlicher Atmosphäre. Neben Salaten werden kleine Gerichte angeboten, im Sommer auch draußen vor der Tür. **Campo San Giacomo dall'Orio 1503, Tel. 041/524 0222, €€**

■ VINERIA ALL' AMARONE
Ein Familienbetrieb mit Klasse. Erwarten Sie eine große Auswahl an *cicchetti*, Nudeln und erlesenen Weinen. **Calle dei Sbianchesini 1131, Tel. 041/523 1184, geschl. Mi, €€**

Stolz zeigt ein Fischhändler am Mercato di Rialto seine fangfrische Ware.

und Gemüsemarkt liegt der **Campo della Pescheria**, der, wie der Name verrät, vorwiegend vom Fischmarkt (geschl. Mo & So) beansprucht wird (*pescheria* bedeutet »wo Fisch verkauft wird«). Hier kaufen Einheimische und Gastronomen fangfrische Ware ein – kleine Sardinen, süßlich schmeckende Makrelen, fetten Seebarsch und glitzernde (Zwerg)Tintenfische und Jakobsmuscheln. Die Säulen des 1905 errichteten Fischmarktgebäudes sind mit steinernen Fischköpfen und Seepferdchen bestückt. Auf der Marmortafel sind die gesetzlich vorgeschriebenen Maße für den Fischverkauf vermerkt – wenngleich jahrhundertealt, gelten sie auch heute noch. Die Straße im Süden des Platzes, die **Ruga dei Spezieri**, gehört seit jeher den Gewürzhändlern. Besuchen Sie auch die **Drogheria Mascari** (siehe S. 40) mit ihren herrlichen Schaufensterauslagen.

Campo Cesare Battisti, Campo della Pescheria und Campo Beccarie • geschl. So • Vaporetto: Rialto Mercato

Eine kolossale Gipsmaske des italienischen Bildhauers Adolfo Wildt (1903) in der Ca' Pesaro.

Ca' Pesaro

3 Dieser grandiose Palast wurde im 17. Jahrhundert im Auftrag der Familie Pesaro errichtet und beherbergt heute ein Eldorado für Freunde moderner Kunst: die **Galleria Internazionale d'Arte Moderna**. Die große Sammlung aus der Zeit des frühen 20. Jahrhunderts bis zu den späten 1960er-Jahren umfasst Werke von zum Beispiel Wassily Kandinsky, Paul Klee, Henry Moore, Henri Matisse und Gustav Klimt. Die Sammlung befindet sich in den 15 Sälen im Erdgeschoss des Palastes und ist thematisch wie chronologisch geordnet. So setzt sich zum Beispiel Saal 4 mit den Ausdrucksformen des Expressionismus und der Secession, die das frühe 20. Jahrhundert beherrschten, auseinander, unter anderem anhand des Porträts *Judith II* von Klimt. Zu den Werken in Saal 9, die die Farben der 1930er- und 1940er-Jahre zeigen, gehört auch ein Blumengemälde Emil Noldes. Im Saal 11 stehen der Surrealismus und

abstrakte Kunst der 1950er-Jahre im Mittelpunkt und es sind Werke von Kandinsky, Klee und Max Ernst zu sehen. Zur Sammlung zählen auch Werke venezianischer Kunstmaler aus dem 19. und 20. Jahrhundert, bedeutende Werke aus den Anfängen der **Biennale** (siehe S. 82) und eine große Skulpturensammlung. In der zweiten Etage des Palastes ist das **Museo d'Arte Orientale** *(Museum für orientalische Kunst, Tel. 041/524 1173, arteorientale.org)* beheimatet, das neben indonesischer und chinesischer Kunst auch eine bedeutende Sammlung japanischer Kunst aus der Edo-Zeit umfasst.

Fondamenta de Ca' Pesaro 2076 • Tel. 041/721 127 • geschl. Mo, 1. Jan., 25. Dez. • €€€ • Vaporetto: San Stae • capesaro.visitmuve.it

Palazzo Mocenigo

4 Der Mocenigo-Palast war einst das Wohnhaus einer der einflussreichsten Familien Venedigs. Mehr als 400 Jahre lang lenkten nicht weniger als zehn Dogen aus dieser Dynastie die Geschicke der Stadt. Wie bedeutend die Familie war, zeigt sich auch daran, dass nicht weniger als zwölf Paläste in Venedig ihren Namen tragen. Im gotischen, im Laufe der Zeit erweiterten und renovierten Palazzo Mocenigo in San Stae ist das **Centro Studi di Storia del Tessuto e del Costume** untergebracht. Neben Tuchwaren sind in den 15 Sälen im Parterre auch feinste Gewandungen aus dem 18. Jahrhundert (Saal 6), seltene und kostbare, mit Gold- und Silberfaden durchwobene Stoffe aus dem 13. und 14. Jahrhundert (Saal 7) und Männerkleidung jener Zeit (Saal 11) zu sehen. Sämtliche Säle sind im Stil des 17. bzw. 18. Jahrhunderts ausgestattet – einschließlich Ahnenporträts der Mocenigo-Familie. So vermittelt das Museum einen Einblick in das Luxusleben des damaligen Adels.

Fondamenta Mocenigo 1992 • Tel. 041/721 798 • geschl. Mo, 1. Jan., 25. Dez. • €€ • Vaporetto: San Stae • mocenigo.visitmuve.it

HINTERGRUND

Die Säle 13–19 im Palazzo Mocenigo sind der jahrtausendealten Geschichte des Parfüms gewidmet. Im Saal 14 mit dem Labor des Parfümeurs des16. Jahrhunderts wird die Herstellung von Parfüm erklärt und in Saal 16 sind Parfümfläschchen und -behälter ausgestellt. Der Höhepunkt wartet im Saal 17: 24 Essenzen, mit denen die Besucher ihr eigenes Parfüm herstellen können.

HINTERGRUND

Anstelle des Eingangsbereichs wurde die Chiesa di San Polo im 15. Jahrhundert um die heutigen Bauwerke erweitert. Seitdem liegt der Haupteingang an einer Längsseite. Halten Sie, wenn Sie von San Tomà zum Campo San Polo gehen, kurz vor der Kirche Ausschau nach einer engen Gasse zu Ihrer Linken. Folgen Sie dieser, bis Sie einen kleinen Innenhof erreichen, und gehen Sie dort die Treppe hinauf, um einen Blick auf die Fassade mit dem Rosettenfenster der Vorgängerkirche von 837 zu werfen.

Chiesa di San Giacomo dall'Orio

5 Diese Kirche zählt zu den ältesten Gotteshäusern Venedigs: Der ursprüngliche Bau entstand im 10. Jahrhundert, der Nachfolgebau 1225. Erweitert und umgebaut wurde die Kirche im 15. und 16. Jahrhundert, was zu einer Mischung von Baustilen führte, die auch heute noch gut erkennbar ist. Im Kircheninneren springt sofort die Holzdecke in Form eines Schiffskiels ins Auge. Außerdem verfügt die Kirche über einige interessante Schätze wie etwa Lorenzo Lottos Hauptaltarbild *Maria mit Kind und Heiligen* (1546) sowie, in der alten Sakristei, zwei Bilder von Palma il Giovane – beide von 1581 – mit Szenen aus dem Alten Testament. Rechts neben dem Altar befindet sich eine byzantinische Säule aus grünem Granit aus dem 6. Jahrhundert.

Campo San Giacomo dall'Orio • Tel. 041/275 0462 • geschl. So • Vaporetto: Riva de Biasio • chorusvenezia.org

Santa Maria Gloriosa dei Frari

6 (siehe S. 120–121)

Campo San Rocco 3072 • Tel. 041/272 8611 • € • Vaporetto: San Tomà • chorusvenezia.org

Scuola Grande di San Rocco

7 (siehe S. 122–125)

Campo San Rocco 3052 • Tel. 041/523 4864 • geschl. 1. Jan., 25. Dez. • €€€ (inkl. Audioguide) • Vaporetto: San Tomà

Campo San Polo

8 Der Campo San Polo, Venedigs zweitgrößter Platz, war einst völlig mit Gras bedeckt. Die meiste Zeit graste hier das Vieh, nur nicht am Markttag, wenn Menschen den Platz zahlreich bevöl-

kerten. Nach der Beflasterung, die 1493 begann, fanden hier regelmäßig Stierkämpfe, Maskenbälle, Feierlichkeiten, Tanzvorstellungen und Jahr- und andere Märkte statt. In jüngster Vergangenheit gab es auf dem Platz auch schon mal eine Eislaufbahn. Ursprünglich wurde der Platz von einem Kanal durchschnitten, der am Palazzo Soranzo vorbeifloss. An einem Ende des Platzes ist zu sehen, wie der Kanal dort abrupt endete, um am anderen Ende wieder weiterzufließen. Die Kirche an der Südwestseite, die **Chiesa di San Polo** (geschl. So, €), ist vom Platz abgewandt. Am Fuße ihres Glockenturms vis-à-vis dem Haupteingang befinden sich zwei steinerne Markuslöwen – einer mit einem Menschenkopf zwischen den Klauen, der andere im Kampf mit einer schlangenähnlichen Kreatur. Es lohnt sich, einen Blick in die Kirche zu werfen, wo sich Tiepolos Kruzifix-Oratorium und Tintorettos *Letztes Abendmahl* befinden.

Salita San Polo • Vaporetto: San Tomà

An der südöstlichen Ecke des Campo San Polo befinden sich schattige Cafés und Bars.

Santa Maria Gloriosa dei Frari

Die Frari-Kirche ist die letzte Ruhestätte Tizians, des großen venezianischen Malers, und zugleich die Heimat eines seiner berühmtesten Werke.

Das Grabmal Antonio Canovas, des großen neoklassizistischen Bildhauers Venedigs.

Seit ihrer Fertigstellung 1222 wurde Santa Maria Gloriosa dei Frari wiederholt erweitert. So entstand das heutige riesige gotische Gotteshaus, das nicht nur den zweithöchsten Glockenturm der Stadt aufweist, sondern auch noch über ein Kloster verfügt. Wer die Kirche über den Haupteingang betritt, wird von der enormen Größe und Höhe des Langhauses überwältigt. Der gewaltige Innenraum ist die perfekte Kulisse für die monumentalen und bedeutenden Kunstwerke, die alljährlich Zehntausende Besucher anlocken.

■ Grabmale und Denkmäler

Canovas Grabmal springt sofort ins Auge, schon wegen seiner pyramidenähnlichen Form. Die Spitze endet bei einem kleinen beleuchteten Fenster, wodurch der Eindruck entsteht, das Grabmal würde vom Himmelslicht beschienen werden. Die Engelsfiguren beiderseits symbolisieren die sichere Himmelfahrt von Canovas Seele, während ein geflügelter Markuslöwe mit einem Buch die Weisheit, die der Künstler mit ins Jenseits nimmt, darstellt. Gegenüber dem Grabmal Canovas befindet sich ein 1852 von Luigi Zandomeneghi, einem Lehrling Canovas, angefertigtes Denkmal zu Ehren Tizians. Tizian in der Mitte ist von Basreliefs einiger seiner größten Werke umgeben. Auf der anderen Seite wartet ein Denkmal von Baldassare Longhena, das dem Dogen Giovanni Pesaro gewidmet ist. Vier Sklaven stützen den oberen Teil, der den Dogen trägt und mit Symbolen der Kardinaltugenden geschmückt ist.

■ Die Apsis

Beim Durchqueren der Apsis kommt man an zwei Werken Tizians vorbei: *Madonna der Familie Pesaro* sowie *Der Mönchschor*. Letzteres ist übrigens das einzige Kunstwerk Tizians in Venedig, das noch vollständig intakt ist. Die 124 Kirchenstühle wurden vom berühmten Holzschnitzer Marco Cozzi mit aufwendiger Holzschneidekunst und Intarsien geschmückt. Der Hauptaltar wird von Tizians Bild *Mariä Himmelfahrt* dominiert, einem riesigen Werk mit goldenem Hintergrund, vor dem Maria in rotem Gewand von Putten in den Himmel gehoben wird.

HINTERGRUND

Eigentlich war Canovas Grabmal für Tizian bestimmt, dessen Leichnam sich ebenfalls in dieser Kirche befindet – in einem Mausoleum. Nach Canovas Tod änderten seine Lehrlinge das Grabmal, da sie fanden, dass es besser zu dem Bildhauer passte. Die Form des Grabmals, das Symbol des größten Architekten des Universums, spiegelt den Umstand wider, dass Canova ein Freimaurer war.

■ Sakristei und Kapitelsaal

Weitere große Werke sind im östlichen Flügel der Kirche zu bewundern: in der Sakristei Bellinis *Madonna mit Kind zwischen den Heiligen* (1488) und im Kapitelsaal Venezianos Votivbild des Dogen Francesco Dandolo (1339).

Campo San Rocco 3072 • Tel. 041/272 8611 • € • Vaporetto: San Tomà • chorusvenezia.org

Scuola Grande di San Rocco

Der Palast der Wohltätigkeitseinrichtung ist buchstäblich mit großen Werken des venezianischen Künstlers Tintoretto bedeckt.

Die schmucken Fassaden der Scuola Grande di San Rocco (links) und Chiesa di San Rocco (rechts).

Man muss kein Kunstliebhaber sein, um die Pracht der Scuola Grande di San Rocco schätzen zu können. Wer kommt da nicht ins Staunen? Sechs solche *scuole* (Große Schulen) zählte Venedig einst und alle waren sie unterschiedlichen Schutzpatronen gewidmet. Bis zu 500 Mitglieder hatten diese privaten Bruderschaften. Die Scuola Grande di San Rocco wurde nach dem heiligen Rochus, dem Schutzpatron der Pestkranken, benannt, von denen es in der viel frequentierten Hafenstadt viele gab. Wahrscheinlich erlagen auch Tintoretto und Tizian der Pest.

■ Das Gebäude

Nach 50 Jahren Bauzeit wurde der imposante Renaissancepalast aus weißem Marmor und istrischem Stein 1560 fertiggestellt. Wie an der Fassade abzulesen, waren nicht weniger als drei Baumeister am Bau beteiligt: Pietro Bon entwarf den unteren Bereich der Hauptfassade, Scarpagnino den oberen. Am besten erkennbar sind die Unterschiede bei genauerer Betrachtung der Fenster: Die im Erdgeschoss sind in dem für die Frührenaissance typischen Stil der Neuromanik gefertigt, die im ersten Stockwerk sind neoklassizistisch. Die südliche Fassade späteren Datums geht auf Sante Lombardo und dessen Vater Tullio zurück.

■ Sala Terrana

Im Erdgeschoss befindet sich ein großer rechteckiger, mit einer Holzbalkendecke ausgestatteter Saal, in dem zwei Reihen mit achteckigen Marmorsäulen zu einem Altar führen, der dem heiligen Rochus, dem Schutzpatron der Bruderschaft, gewidmet ist. Für diesen Raum fertigte Tintoretto acht große Werke mit Szenen aus dem frühen Leben Jesu und dem Leben der Jungfrau Maria an. Rechts neben dem Eingang führen zwei Treppen zum **Treppenhaus von Scarpagnino** mit Gewölbedecke und Wandgemälden.

HINTERGRUND

Als die Scuola 1564 einen Kunstwettbewerb abhielt, zog Tintoretto es vor, seine Ideen in Form fertiger Bilder in einer Kassettendecke zu präsentieren anstatt mithilfe von Skizzen. Mit diesem kühnen Schachzug überzeugte er die Kommission und so verbrachte er die nächsten 24 Jahre damit, sein Werk zu vollenden.

■ Scarpagninos Treppenhaus

Die linke Wand des Treppenhauses ist Pietro Negris Werk *Madonna rettet Venedig vor der Pest* vorbehalten. Der Schwarze Tod kostete ein Drittel aller Venezianer das Leben und führte zum Bau der Kirche **Santa Maria della Salute** (siehe S. 134–135). Das Werk gegenüber, Antonio Zanchis *Die Jungfrau erscheint den Pestkranken*, handelt ebenfalls von der Pest. Das Treppenhaus führt auch zum **Sala Superiore** und zum **Tesoro**.

■ Sala Superiore

Der Große Saal mit seinen opulent ausgeschmückten Flächen ist einfach atemberaubend. Beim Betreten des Saals sehen Sie zu Ihrer Rechten einen Altar mit zwei Staffeleien, die jeweils mit einem Gemälde bestückt sind: Tizians *Verkündigung an Maria* (1559–1564) und Tintorettos *Die Heimsuchung* (1588). Der Saal ist mit

Das Treppenhaus Scarpagninos mit Zanchis Gemälde mit Szenen der Pestepidemie.

einer auffälligen Reihe geschnitzter Holzfiguren von Francesco Pianta il Giovane bestückt, die Themen wie Hoffnung, Zorn, Vertrauen, Ehre und Ignoranz symbolisieren und die an der östlichen Wand beginnt. Oberhalb dieser allegorischen Figuren befindet sich in der Holzkassettendecke ein Bilderzyklus Tintorettos, der in chronologischer Reihenfolge die Geschichte des Neuen Testaments erzählt – von der *Anbetung der Hirten* bis hin zu der *Versuchung*. Die Decke enthält noch mehr Werke Tintorettos mit Szenen aus dem Alten Testament, beginnend mit dem *Sündenfall* und endend mit dem *Passah-Fest*. In der Mitte des Raums wurde ein Spiegel angebracht, mit dessen Hilfe sich die Deckengemälde bequemer betrachten lassen. In diesem Saal befinden sich auch noch zwei andere sehenswerte Werke Tiepolos: *Hagar in der Einsamkeit, vom Engel getröstet* sowie *Abraham und die Engel* (beide 1782).

■ SALA DELL'ALBERGO

In diesem Saal links neben dem Sala Superiore befindet sich Tintorettos Meisterwerk *Der Heilige Rochus im Himmel* im zentralen Oval. Die Bilder ringsherum verkörpern die anderen bedeutenden Schulen Venedigs, die in den Ecken die vier Jahreszeiten. Auf

Die prachtvolle Decke des Großen Saals mit nicht weniger als 21 Werken Tintorettos.

den Tüchern, mit denen die Wände geschmückt sind, wurden Leidensgeschichte und Tod Jesu festgehalten.

■ Tesoro

Die Schatzkammer im Obergeschoss der Scuola ist ein kleiner Raum, in dem eine beeindruckende Sammlung von Kelchen, Kreuzen und Reliquien aufbewahrt wird: alles Meisterwerke der Goldschmiedekunst und opulent mit Ornamenten und Edelsteinen verziert.

■ Quadreria

Die Quadreria beherbergt eine kleine, aber feine Gemälde-, Möbel und Keramiksammlung – fast alles Spenden einstiger Mitglieder der Bruderschaft. Die Werke sind sehr unterschiedlich und stammen aus aller Welt. Einer der größten Spender, Giacomo Bisacco Palazzi, war ein passionierter Sammler und ein Teil seiner Keramiksammlung, darunter einige italienische Majolika-Stücke aus dem 18. Jahrhundert, ist hier ebenfalls ausgestellt.

Campo San Rocco 3052 • Tel. 041/523 4864 • geschl. 1. Jan., 25. Dez. • €€€ (inkl. Audioguide) • Vaporetto: San Tomà

Karneval

Nach bescheidenen Anfängen hat sich Venedigs Karneval zur größten und längsten jährlich wiederkehrenden Party Europas gemausert. Im 18. Jahrhundert drängten sich in der Woche vor der Fastenzeit um die 30 000 Besucher in den engen Gassen, die in ihren außergewöhnlichen Kostümen an Maskenbällen teilnahmen, dem Glücksspiel verfielen und sich gesetzeswidrig verhielten – alles in vollkommener Anonymität dank der Maske.

Ein posierender Hofnarr während des Karnevals von Venedig.
Gegenüber: Ein Künstler legt in einem Workshop in der Ca' Macana letzte Hand an eine Maske an.

Als Feierlichkeit vor der Fastenzeit begonnen, entwickelte sich der Karnevalsbrauch in den Wochen vor Aschermittwoch zu einer Reihe hedonistischer Veranstaltungen. Im 15. Jahrhundert übernahmen junge Aristokraten, die man wegen ihrer auffälligen Strümpfe *compagnie di calze* nannte, die Organisation der Hauptveranstaltungen. Man nahm an Umzügen und Maskenbällen teil und besuchte Opern und Bühnenstücke. Während der Abschlussveranstaltung am Faschingsdienstag war der **Markusplatz** (siehe S. 58–59) voller singender und tanzender Menschen.

»Guten Tag, Frau Maske«

Masken und Kostüme gehören seit jeher zum Karneval. Sie lassen soziale Unterschiede verschwinden und ermöglichen es, in Anonymität an den Feierlichkeiten teilzunehmen. Es gilt als eisernes Gesetz, die Identität einer Person niemals zu entlarven. Das klassische Herrenoutfit, *bauta* genannt, bestand aus einer weißen Maske, einem Dreispitz und einem schwarzen Umhang. Frauen trugen eine *moretta*, eine Maske aus schwarzem

Samt, hinter der das Gesicht mehrheitlich verschwand, einen Gesichtsschleier und einen kleinen Hut.

Niedergang und Wiederentdeckung

Im 18. Jahrhundert, als die Republik Venedig sich im Auflösungsprozess befand, wurden die Karnevalsfeste zusehends ausschweifender und extravaganter. Besucher aus allen Teilen Europas und Einheimische feierten ganze Nächte durch, bis im Jahr 1797 unter österreichischer Herrschaft der Karneval gänzlich verboten wurde. Danach gab es diverse, jedoch kurzlebige Wiederbelebungsversuche. Seit dem großen Comeback 1978 dauert der Karneval Venedigs zehn Tage, die mit dem sogenannten Engelsflug eingeläutet werden. Dabei seilt sich ein Akrobat kopfüber an einem Seil vom Glockenturm am Markusplatz zur Loggia des Dogenpalastes ab. Es folgen Umzüge auf den Kanälen, Kostümparaden, Maskenbälle und schließlich die große Abschlussfeier auf dem Markusplatz am Faschingsdienstag.

Feste

Das venezianische Kalenderjahr hält eine Reihe großartiger Feste bereit. Wer Zeuge eines typisch venezianischen Festes sein will, der sollte seinen Aufenthalt möglichst darauf abstimmen. Und da Venedig eine Wasserstadt ist, finden einige der besten Feste auf den Kanälen statt.

■ Festa di San Giacomo dall'Orio

An zehn Julitagen wird der Campo San Giacomo dall'Orio mithilfe von Fahnen, Leuchten und langen Tischen und Bänken in ein riesiges Esszimmer verwandelt, in dem Rippchen, Grillhähnchen, Würste, Frikadellen, Nudelgerichte und Polenta gegessen werden. Gefeiert wird das Fest zugunsten von Obdachlosen und Hilfsbedürftigen bereits seit 1966.

San Polo • Mitte Juli • Vaporetto: Riva de Biasio

■ Historische Regatta

Die historische Regatta, die wohl seit dem 13. Jahrhundert stattfindet, beginnt in der Regel um 16 Uhr mit einer sehenswerten Parade historischer Boote mit kostümierten Ruderern. Danach folgen vier Wettkämpfe in vier verschiedenen Alters- und Bootsklassen. Vom Startpunkt Castello geht es über den Bacino San Marco und den Canal Grande in Richtung jenes Ortes, an dem sich einst das Santa-Chiara-Kloster befand. Von dort geht es wieder zurück zum Ziel vor der Ca' Foscari in Dorsoduro. Bejubelt werden die Wettkämpfe, an denen spektakuläre alte Boote und kostümierte Crews teilnehmen, traditionell von Hunderten von Schaulustigen. Den besten Blick bietet der Bereich zwischen den Vaporetto-Anlegern Rialtobrücke und San Tomà.

Grand Canal • 1. So im Sept. • Vaporetto: Rialto, San Tomà • regatastoricavenezia.it

■ Festa della Madonna della Salute

Seit 1630 versammelt man sich bei diesem Fest zu Ehren Marias, um eine Kerze anzuzünden und *castradina* (Hammelfleisch, Kohl und Zwiebeln) mit Wein zu genießen. Damals wurde Maria in einer Prozession gebeten, Venedig von der Pest zu erlösen. Als Dank

Weihnachtsfeuerwerk über dem Ponte di Rialto.

versprach der Doge, eine Kirche zu errichten – **Santa Maria della Salute** (siehe S. 134–135). Dorthin führt die Prozession von der Kirche **Santa Maria del Giglio** am gleichnamigen Platz *(Tel. 041/275 0462, chorusvenezia.org)* in San Marco aus über eine Holzbrücke über den Canal Grande.

Santa Maria della Salute • 21. Nov. • Vaporetto: Salute

■ Festa del Redentore

Dieses Wochenendfest geht auf eine andere Erlösung von der Pest zurück, die Venedig Mitte des 15. Jahrhunderts heimsuchte. Unter Anführung des Dogen führte die Prozession von Zattere in Dorsoduro zur Kirche auf der Insel Giudecca – damals über eine Behelfsbrücke aus Lastkähnen, heute über eine eigens dafür errichtete Holzbrücke. Gefeiert wird im Bacino San Marco mit einem Picknick oder einem Glas Wein in geschmückten Booten. Weitere Höhepunkte sind das große Feuerwerk am Samstagabend und die traditionellen kirchlichen Zeremonien am Sonntag.

Bacino di San Marco • 3. So im Juli • Vaporetto: Salute

ALBERGO

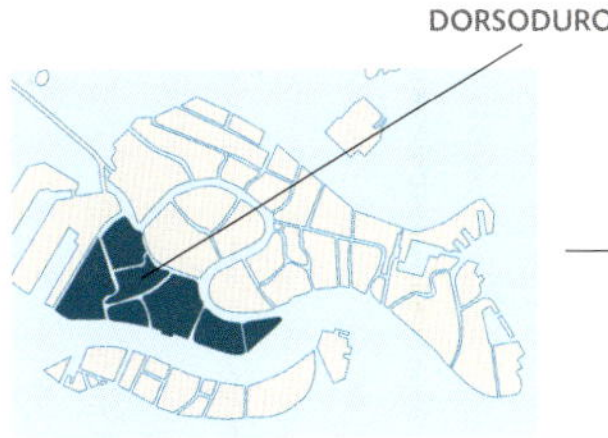

Dorsoduro

Das zwischen dem Canal Grande und dem Canale della Giudecca gelegene Dorsoduro-Viertel im Süden der Stadt verdankt seinen sonderbaren Namen (»harter Rücken«) dem Umstand, dass dieser Teil der Lagune einen festen Untergrund aufwies, auf dem man Bauwerke errichten konnte. Heute, fast 1000 Jahre später, ist der Stadtteil berühmt für seine zwei Gesichter: tagsüber eine ruhige Wohngegend, nachts ein ausgelassenes Ausgehviertel. Noch berühmter ist Dorsoduro jedoch für seine Kunst.

Die Gründung der Accademia di Belle Arti di Venezia (Akademie der schönen Künste) Mitte des 18. Jahrhunderts ebnete den Weg für die Entstehung eines kulturellen Zentrums, in dem heute neben der Collezione Peggy Guggenheim auch die großartige Ca' Rezzonico mit ihren Schätzen aus dem 18. Jahrhundert sowie das Museum Punta della Dogana mit seinen modernen Ausstellungen Besucher anziehen. Wem diese Fülle an Kunst zu viel wird, der kann auf den herrlichen Plätzen und Uferwegen pausieren und entspannen.

◀ Stimmungsvolle Atmosphäre: Terrasse des Albergo Antico Capon auf dem Campo Santa Margherita.

DORSODURO

Dorsoduro

Bestaunen Sie Kunst vom Mittelalter bis zur Gegenwart und schlendern Sie durch dieses Stadtviertel zwischen Canal Grande und Canale della Giudecca.

6 Gallerie dell'Accademia (siehe S. 140–143) **Das bedeutendste Kunstmuseum Venedigs zeigt grandiose Kunst aus einem halben Jahrtausend. Fahren Sie mit dem Vaporetto vom Ableger nahe dem Museum zur Ca' Rezzonico.**

7 Ca' Rezzonico (siehe S. 138) **Erleben Sie den Wohlstand der Kaufmannsfamilien Venedigs im 18. Jahrhundert in diesem Hausmuseum voller Kunst und Möbel. Gehen Sie auf der Calle del Traghetto zum Campo San Barnaba, überqueren Sie den Kanal und folgen Sie dem Rio Terà Canal.**

8 Campo Santa Margherita (siehe S. 139) **Machen Sie einen Marktrundgang oder stärken Sie sich in einem der vielen, bei den Studenten der nahen Unis sehr beliebten Bars oder Straßencafés.**

DORSODURO STRECKE: ETWA 2 KM DAUER: ETWA 7–8 STD.
START: VAPORETTO-ANLEGER SALUTE

5 Ponte dell'Accademia (siehe S. 137–138) Die beliebte Holzbrücke ist der ideale Platz, um ein Selfie zu machen oder die Aussicht zu genießen. Überqueren Sie den Campo della Carità.

4 Chiesa dei Gesuati (siehe S. 137) Draußen auffälliger Barock, drinnen opulentes Rokoko mit Meisterwerken von Tiepolo, Tintoretto und Morlaiter. Folgen Sie dem Rio Terrà Foscarini neben der Kirche und überqueren Sie die Insel.

3 Zattere (siehe S. 136) Lassen Sie sich viel Zeit für die fantastische, fast 1,6 Kilometer lange Uferpromenade am Canale della Giudecca. Auf etwa halber Strecke erwartet Sie die Kirche I Gesuati.

2 Collezione Peggy Guggenheim (siehe S. 135) Genießen Sie Peggy Guggenheims umwerfende Sammlung moderner Kunst des 20. Jahrhunderts und den Blick über den Canal Grande von der rückseitigen Terrasse. Folgen Sie der Calle Molin und Calle Monastero südwärts Richtung Canale della Giudecca.

1 Santa Maria della Salute (siehe S. 134–135) Beginnen Sie den Tag in der einmaligen Santa Maria della Salute, einer Barockkirche mit Meisterwerken von Tizian und Tintoretto. Gehen Sie weiter über die Brücke über den Rio della Salute und folgen Sie der Calle Bastion und Calle Barbaro westwärts.

DORSODURO

Santa Maria della Salute

1 Der östliche Zipfel Dorsoduros, wo der Canal Grande und der Canale della Giudecca zusammenfließen, wird von dieser hoch aufragenden Salute-Kirche beherrscht. Wie die anderen »Pest-Kirchen« Venedigs entstand auch diese Barockkirche zu Ehren der Madonna aus Dankbarkeit für die Erlösung von der Pest, die sich 1630 ausbreitete und ein Drittel der Bevölkerung dahinraffte. Das nach Plänen Baldassare Longhenas errichtete Gotteshaus hat einen achteckigen Grundriss und ist mit Symbolik überladen. Vor dem Betreten der einem römischen Triumphbogen nachempfundenen Kirche lohnt es sich, die imposante, mit Marmor verkleidete Fassade und die enorme Kuppel, welche die Krone Mariens symbolisiert, zu bestaunen. Hinter der riesigen Bronzetür wartet ein kolossaler, lichtdurchfluteter und von sechs Kapellen umgebener Raum, dessen

Die Kuppel der Kirche Santa Maria della Salute ist von Heiligen- und Engelstatuen umgeben.

Mosaikfußboden in einem Altar mit einem wunderwirkenden Bild kulminiert. In der vergleichsweise schlichten Basilika finden sich einige Meisterwerke: Blicken Sie nach oben, um Tizians dramatisches Deckengemälde mit Szenen aus dem Alten Testament zu bestaunen. Außerdem zu bewundern sind Tintorettos *Hochzeit zu Kana*, Jacopo Palmas (d. J.) grandiose Darstellung von *Jona und dem Wal* und *Die Himmelskönigin* des flämischen Künstlers Josse De Corte.

Fondamenta Salute • Tel. 041/241 1018 • € • Vaporetto: Salute • basilicasalutevenezia.it

Collezione Peggy Guggenheim

2 Die amerikanische Millionenerbin und Kunstmäzenin Peggy Guggenheim kaufte 1948 den verfallenen Palazzo Venier dei Leoni am Canal Grande und verwandelte ihn in drei Jahrzehnten in ein erstklassiges Schmuckstück für moderne Kunst. Das einstige Wohnhaus Peggy Guggenheims ist drinnen wie draußen mit Gemälden und Skulpturen diverser großer Meister des 20. Jahrhunderts vollgepackt – von Duchamp und Dalí über Picasso bis hin zu Chagall, Miró und Kandinsky. Zu den Höhepunkten zählen neben Werken von Max Ernst (Peggys zweitem Ehemann) auch Margrittes *Die Stimme der Luft*, George Braques *La Clarinette*, Jackson Pollocks *The Moon Woman* und Paul Klees *Zaubergarten*. Legen Sie eine kleine Pause im hauseigenen Café ein, bevor Sie die Werke von Henry Moore, Barbara Hepworth, Yoko Ono und anderen Künstlern im surrealistischen **Nasher Sculpture Garden** bestaunen. Die Sammlung umfasst auch Fotografien, Comics, Radierungen, Schmuck und Handwerkskunst aus Afrika, Asien, dem Pazifikraum und Amerika, die zeigen, wie primitive Kunst die großen Meister der modernen Kunst beeinflusst hat.

Calle Chiesa 701–704 • Tel. 041/240 5411 • geschl. Di • €€€€ • Vaporetto: Salute • guggenheim-venice.it

HINTERGRUND

Zweimal jährlich ist Dorsoduro der Schauplatz für kirchliche Feste, für deren Zweck die Kanäle beiderseits des Stadtteils mit hölzernen Votivbrücken überspannt werden (siehe S. 128–129). Dieser Brauch geht auf das Mittelalter zurück, als Gläubige zu den Kirchen Santa Maria delle Salute und Del Santissimo Redentore *(Campo del Santissimo Redentore, geschl. So, €)* **strömten, um der Jungfrau Maria für die Erlösung von der Pest zu danken.**

Zattere

3 Diese beliebte, fast 1,6 Kilometer lange Uferpromenade entlang Dorsoduros Südseite ist berühmt für den grandiosen Blick auf die Insel Giudecca und auch für die vielen Bars, Cafés und Restaurants, deren Terrassen teils am Wasser liegen. Zu den historischen Gebäuden, die Zattere beherbergt, zählen der Palazzo Ficquelmont-Clary aus dem 17. Jahrhundert (lange Zeit im Besitz von K.-u.-k-Adligen) und die Accademia di Belle Arti di Venezia (Akademie der schönen Künste), die in einem Anwesen aus dem 16. Jahrhundert, einst ein Hospital für unheilbare Kranke, untergebracht ist. Mehrmals jährlich finden in der Akademie Veranstaltungen statt, wie etwa Ausstellungen und Modeshows. Als schönste Kirche am Zattere gilt die **Chiesa dei Gesuati.**

Dorsoduro zwischen der Punta della Dogana und dem Canal dei Tolentini • Vaporetto: Zattere, San Basilio, Spirito Santo

Zattere ist der ideale Ort für die *passeggiata* – den Abend- oder Sonntagsspaziergang.

Chiesa dei Gesuati

4 Diese Kirche am Wasser heißt eigentlich **Santa Maria del Rosario**, wird aber von den Einheimischen I Gesuati (die Jesuaten) genannt. Verwendet wurde der Name erstmals im 17. Jahrhundert, als das Anwesen der aufgelösten Ordensgemeinschaft der Jesuaten (die mit den Jesuiten nichts gemein haben) in Besitz des Dominikanerordens gelangte. An dieser Stelle sollte eine neue Kirche entstehen, für deren Bau Giorgio Massari beauftragt wurde. Der Bau, der 1724 begann, zog sich zwei Jahrzehnte hin. Die Ähnlichkeit der Fassade mit der **Chiesa del Santissimo Redentore** (siehe S. 135) jenseits des Giudecca-Kanals ist verblüffend. Im Inneren erwartet Sie eine Einrichtung im Rokokostil, deren Höhepunkt Tiepolos Deckengemälde mit Szenen aus dem Leben des heiligen Dominik ist. Ein weiteres Meisterwerk ist Tintorettos ergreifende *Kreuzigung*. Die riesigen Marmorskulpturen, die mehrheitlich von Giovanni Maria Morlaiter stammen und die unter anderem Moses, Abraham und die Taufe Jesu darstellen, verleihen der Kirche noch mehr Bedeutung.

Fondamenta delle Zattere 918 • Tel. 041/275 0462 • geschl. So • € • Vaporetto: Zattere • chorusvenezia.org

HINTERGRUND

Die Punta della Dogana am östlichen Ende der Uferpromenade ist ein Kunst-Hotspot und einer der besten Plätze, um San Marcos Uferbereich zu bestaunen. Die Dogana di Mare (das Zollgebäude mit dem dreieckigen Grundriss) aus dem 17. Jahrhundert, von wo einst Venedigs Seehandel überwacht wurde, beherbergt die Punta della Dogana, das Museum für Gegenwartskunst *(Campo San Samuele 3231, Tel. 041/271 9031, €€€€)*. **Hier zeigt der namhafte französische Künstler François-Henri Pinault Exponate aus seiner umfangreichen Sammlung.**

Ponte dell'Accademia

5 Die beliebte, nach der benachbarten **Gallerie dell'Accademia** (siehe S. 140–143) benannte Brücke ist eine der lediglich vier Brücken, die den Canal Grande überspannen. Wenn Sie Ihren Blick gen Osten wenden, sehen Sie die Kirche **Santa Maria della Salute** – eine der beliebtesten Foto- und Malmotive Venedigs. Die heutige Brücke ist ein Nachbau der Vorgängerbrücke aus Holz, die an gleicher Stelle den Kanal überspannte. Entworfen wurde die

damalige Holzbrücke 1930 von Eugenio Miozzi, einem aus Brescia stammenden Ingenieur, unter dessen Leitung auch das Opernhaus Teatro La Fenice (siehe S. 61–62) restauriert wurde. Da die Brücke zusehends verfiel, wurde sie Mitte der 1980er-Jahre ersetzt.

Campo della Carità • Vaporetto: Accademia

Gallerie dell'Accademia

6 (siehe S. 140–143)

Campo della Carità 1050 • Tel. 041/520 0345 • €€€€ • Vaporetto: Accademia • gallerieaccademia.org

Ca' Rezzonico

7 Hinter der Barockfassade beherbergt der prachtvolle Rezzonico-Palast ein Museum, in dem der Prunk und die Dekadenz Venedigs im 18. Jahrhundert im Fokus stehen. Bewohnt wurde das einstige Wohnhaus der Familie Rezzonico auch schon von Persönlichkeiten wie John Singer Sargent oder Cole Porter. Das Konzept des vollständig möblierten Museums zielt darauf ab, den Eindruck zu erwecken, es wäre nach wie vor bewohnt. Zu den Highlights gehören neben den prächtigen Deckengemälden im Saal der **Hochzeitsallegorie** und dem **Thronsaal** die flämischen Wandteppiche im **Wandteppichsaal**, Pietro Longhis amüsant-satirische Porträts von gewöhnlichen Bürgern der Stadt, die Majolika-Vasen der **Apotheke Ai do San Marchi** sowie Werke venezianischer Meister in der **Egidio-Martini-Kunstgalerie**. Tipp: Die Fenster im oberen Stockwerk gewähren einen herrlichen Blick über den Canal Grande.

Fondamenta Rezzonico • Tel. 041/241 0100 • geschl. Di • €€€ • Vaporetto: Ca' Rezzonico • carezzonico.visitmuve.it

GUT **ESSEN**

■ AI ARTISTI
Diese Osteria mit Innen- und Außenplätzen ist der ideale Ort für *cicchetti* wie Grillgemüse, Käse und marinierten Fisch. **Fondamenta della Toletta 1169/A, Tel. 041/523 8944, geschl. So, €€** schön

■ BAR ALLA TOLETTA
Die zwischen der Gallerie dell'Accademia und der Ca' Rezzonico gelegene Bar bietet gegrillte Panini und Sandwiches an. **Calle della Toletta 1192, Tel. 041/520 01 96, €**
Sehr gute Tramezzini

■ LA PISCINA
Tempuramuscheln mit Trüffeln, sizilianische Shrimps mit Spargel und Champagnerrisotto mit Scampi stehen auf der Karte dieses Fischrestaurants. **Fondamenta delle Zattere 780, Tel. 041/241 3889, €€€€**

Ein voll besetzter Saal in der Ca' Rezzonico während eines Konzerts in der Karnevalszeit.

Campo Santa Margherita

8 Der quirligste Platz Dorsoduros ist weiträumig und zieht mit seinen Obst-, Gemüse-, Fisch- und Kleidungsständen zahllose Einheimische an, während es die Studenten in die Bars und Straßencafés ringsherum verschlägt. Wer gern das Alltagsleben der Venezianer beobachtet, findet keinen besseren Ort. Beliebt ist der Platz, auf dem Karneval (siehe S. 126–127) gefeiert und Konzerte veranstaltet werden, auch bei Straßenkünstlern. Im Vordergrund jedoch steht: Genuss. Gönnen Sie sich einen Cappuccino im **Caffé Rosso** *(Tel. 041/528 7998, €)*, einen Spritz in der Bar **Margaret Duchamp** *(Tel. 041/528 6255, €)* oder ein Eis in der **Gelateria il Doge** *(Rio Terrà Canal, Tel. 041/523 460)*. Wer lang genug bleibt, erlebt, wie sich die beschauliche Atmosphäre des Tages am Abend verändert …

Calle della Chiesa • Vaporetto: Ca' Rezzonico, San Tomà

Gallerie dell'Accademia

Dieses herausragende Museum ist eine Art visuelles Lexikon der venezianischen Kunst des 14. bis 18. Jahrhunderts.

Zwei der insgesamt acht riesigen Gemälde des Zyklus *Wunder der Kreuzreliquie*.

Die Sammlung der am Südufer des Canal Grande gelegenen Gallerie umfasst in etwa alles von der byzantinischen Zeit über die Gotik bis hin zu Renaissance und Barock. Alle großen Meister wie Bellini, Veronese, Tintoretto, Tizian, Tiepolo oder Canaletto sind hier versammelt. Allerdings befinden sich deren Werke nicht nur an diesem Ort, sondern auch in der Scuola Grande di Santa Maria della Carità, der Kirche Santa Maria und dem Kloster Canonici Regolari Lateranensi. Angeordnet sind die Werke chronologisch im Uhrzeigersinn.

Byzantinisch und gotisch

Saal 1 gleich hinter dem Eingang ist den frühen Meistern der venezianischen Schule gewidmet. Der unverwechselbare Stil dieser Epoche – statische, kirchliche Figuren auf goldenem Hintergrund – zeigt, wie stark Byzanz den östlichen Mittelmeerraum einst prägte, wenngleich sein Einfluss bereits anfing zu verblassen. Sehr verschieden sind die Darstellungen der Marienkrönung, von Paolo Veneziano und Michele Giambono, die beide, wie auch einige Altarbilder von Lorenzo Veneziano aus dem 14. Jahrhundert, in diesem Saal zu sehen sind. Der Saal selbst diente einst als Hauptsaal der Scuola di Santa Maria della Carità.

Renaissance

Die einmalige Renaissancesammlung des Museums, zu der viele der besten Werke Venedigs jener Epoche gehören, erstreckt sich über neun verschiedene Säle (2–10). Zu den Höhepunkten der ersten Säle zählt auch Carpaccios Monumentalwerk *Kreuzigung* und *Verklärung der zehntausend Märtyrer am Berg Ararat*, ein ziemlich grausames Bild, das an frühe Werke von Hieronymus Bosch erinnert. Sehenswert sind außerdem Bellinis klassisches Porträt *Madonna mit Johannes dem Täufer und einer Heiligen*, Tintorettos *Erschaffung der Tiere*, Andrea Mategnas Porträt des heiligen Georg (mit totem Drachen zu seinen Füßen) und Tizians Version von Johannes dem Täufer. Die Renaissance erreicht ihren spektakulären Höhepunkt im Saal 10 mit den riesigen Gemälden *Das Gastmahl im Haus des Levi* von Paolo Veronese und Tintorettos ***Wunder des Heiligen Markus***. Diese Werke sind so monumental, dass Tizians letztes Werk *Pietà*, das wohl nach dem Tod des großen Meisters 1576 von Palma dem Jüngeren fertiggestellt wurde, daneben fast verblasst. In diesem Werk versteckt sich auch ein winziges Selbstporträt Tizians und dessen Sohn, die im Gebet die Jungfrau Maria anflehen, sie von der Pest zu verschonen – vergeblich.

HINTERGRUND

Veroneses *Gastmahl im Haus des Levi* war im 16. Jahrhundert nicht nur eines der größten frei hängende Gemälde Europas, sondern womöglich auch eines der umstrittensten. Das eigentlich für die Kirche *Santi Giovanni e Paolo* (siehe S. 84–85) vorgesehene Werk rief die Inquisition auf den Plan, da es Christus und seine Apostel mit Betrunkenen zeigt. Der Anklage wegen Gotteslästerung kam Veronese zuvor, indem er kurzerhand den Titel des Bildes änderte.

Eine Szene aus dem Ursula-Gemäldezyklus von Vittore Carpaccio (1498).

Barock und Rokoko

Religiöse Themen bewegten die venezianischen Maler bis in das 16. und 17. Jahrhundert, wie die sieben Barock-Säle (11–18) zeigen. Zu den Meisterwerken dieser Epoche zählen Tiepolos *Wunder des Heiligen Hauses von Loreto* und *Gastmahl bei Simon* von Bernardo Strozzi, einem in Genua geborenen Künstler, der regelmäßig in Venedig arbeitete.

In der Folgezeit mussten sakrale Themen zusehends säkularen Themen, wie etwa Landschaften, Porträts von gewöhnlichen Menschen und Bildern von historischen Ereignissen, weichen. Zu den bekanntesten Beispielen zählen Canalettos realistische Veduten (Stadtbilder) und Longhis Genreszenen. Zu Letzteren gehören Darstellungen von venezianischen Aristokraten beim Anziehen mithilfe ihrer Bediensteten oder beim Ballspiel.

Zu jener Zeit geriet die Dominanz der Männer in der Kunstwelt vorübergehend ins Wanken, als die in Venedig geborene Malerin Rosalba Carriera mit ihren sehr detaillierten Miniaturen und Pastellporträts von lokalen Adligen Furore machte.

■ Gemäldezyklen

In den Räumen 20 und 21 führt die museale Zeitreise ins Mittelalter zurück, in eine Zeit mehrteiliger Themenwerke. So lieferten mehrere lokale Meister wie Gentile Bellini und Vittoro Carpaccio einen Beitrag zum achtteiligen, für die Scuola Grande di San Giovanni Evangelista angefertigten Gemäldezyklus *Wunder der Kreuzreliquie*. Carpaccios *Heilung eines Besessenen* und Bellinis *Prozession auf dem Markusplatz*, die beide das venezianische Alltagsleben während der Renaissance darstellen, zählen zu den berühmtesten Gemäldezyklen. Carpaccios neunteiliger *Ursula-Zyklus* erzählt die Geschichte der legendären christlichen Prinzessin aus der Bretagne, die von Atilla dem Hunnen gefangen genommen und, als sie sich weigerte, ihn zu heiraten, getötet wird.

Noch mehr Renaissancewerke finden sich in der alten Kirche Santa Maria della Carità, während Saal 24, der einst als Sekretariat der Scuola diente, einem Triptychon von Antonio Vivarini und Tizians *Tempelgang Mariens* vorbehalten ist. Letzteres entstand 1530 und ist das einzige Werk der Sammlung, das am Ursprungsort hängt – ein gebührendes Ende eines Spaziergangs durch eines der größten Museen der schönen Künste der Welt.

Angesichts all dieser grandiosen sakralen Kunst könnte man Giorgiones großartiges *La Tempesta* (Das Gewitter) leicht übersehen. Es ist ein etwas rätselhaftes Bild, das uns eine entblößte Frau, ihr Kind und einen männlichen Betrachter zeigt, dessen Identität der Maler zu Lebzeiten nicht preisgeben wollte. Mehr zu den Künstlern der Stadt finden Sie auf S. 144–147.

Campo della Carità 1050 • Tel. 041/520 0345 • €€€€ • Vaporetto: Accademia • gallerieaccademia.org

Venezianische Maler

Umgeben vom weichen, phosphoreszierenden Licht der Lagune und mithilfe von Farben und Oberflächenstrukturen aus Byzanz kreierten die Maler Venedigs einen ganz eigenen venezianischen Stil, dessen Höhepunkt in der Renaissance erreicht wurde. Ihre Inspiration entsprang auch der Liebe für die Stadt und viele ihrer Werke sind heute noch in den Palästen und Kirchen, für die sie angefertigt wurden, zu bewundern.

Paolo Venezianos *Madonna mit Kind.*
Gegenüber: Gentile Bellinis *Prozession auf dem Markusplatz.*

Byzantinisches Vermächtnis

Paolo Veneziano (ca. 1300–1360), Venedigs erster Kunstmaler, malte und signierte 1345 das erste hölzerne Altarbild des Pala d'Oro (heute im Museo di San Marco, siehe S. 65) nach byzantinischem Vorbild: leuchtende Farben, stilisierte Figuren und ein dekorativer Hintergrund aus Blattgold.

Familie Bellini

Die Frührenaissance wurde von Jacopo und dessen Söhnen Gentili und Giovanni Bellini geprägt. Die meisten Werke Jacopos (ca. 1400–1470) wurden zerstört, nur zwei sehr interessante Skizzenbücher blieben erhalten. In den 230 Zeichnungen mit Motiven wie Bauwerken, Figuren und Landschaften experimentierte er fleißig mit Linearperspektiven. Giovanni (ca. 1430–1516) dagegen wandte eine völlig neuartige Lasurtechnik an: mehrere übereinandergelegte transparente Farbschichten. Berühmt wurde er mit seinen stimmungsvollen sakralen, in Landschaften eingebetteten Szenen in leuchtenden Farben. Die Figuren in seinen Werken besaßen eine bis dato unerreichte Menschlichkeit, wie einige seiner Madonnenbilder in der **Gallerie dell'Accademia** (siehe S. 140–143) zeigen. Gentile (ca. 1429–1507) wurde der führende Maler der *teleri,* großer Leinwandbilder mit Szenen aus dem Alltagsleben der Venezianer, welche die *scuole* Venedigs für ihre Hauptsitze anfertigen ließen. Wie in seinem Werk *Prozession auf dem Markusplatz* für die **Scuola Grande di San Marco** (siehe S. 78–79) sind dabei immer Menschenmengen vor städtischer Kulisse zu sehen.

Meister der Hochrenaissance

Der wohl talentierteste Maler in der Werkstatt der Bellinis war Giorgio da Castelfranco, Giorgione (ca. 1476–1510) genannt. Sein Spezialgebiet waren kleine Gemälde für private Sammler mit zumeist säkularen Motiven: stimmungsvolle Landschaften, in denen

merkwürdige Vorkommnisse und Charaktere im Mittelpunkt stehen. *La Tempesta* (Das Gewitter) in der Gallerie dell'Accademia ist wohl sein bekanntestes Werk.

Tizian (1477–1576) war der erste venezianische Maler mit internationalem Ruf. 1516 wurde er beauftragt, für die **Frari-Kirche** (siehe S. 120–121) die *Mariä Himmelfahrt* anzufertigen, ein Monumentalwerk in leuchtenden Farben und mit realistischer Darstellung, das Tizians Ruf schnell festigte. Tizians unmittelbarer Nachfolger war Jacopo Robusti alias Tintoretto (1519–1594), der sich das Malen überwiegend selbst beibrachte. Der produktive, leidenschaftliche und sehr gläubige Tintoretto fertigte Werke für Kirchen, *scuolen* und den Dogenpalast (siehe S. 66–67) an, die von dramatischen Szenen geprägt sind. Der beste Ort, seine Werke zu bestaunen, ist die Scuola Grande di San Rocco (siehe S. 122–125).

Tizians *Mariä Himmelfahrt* (1516–1518).

Paolo Caliari (1528–1588), Veronese genannt, weil er aus Verona stammte, zählte zu den meistbeschäftigten Maler Venedigs und erschuf mit Vorliebe Deckenfresken, Festmahlszenen für die *scuole* und Altarbilder. Anders als die Bilder Tintorettos strahlen seine Gemälde immer eine gewisse Heiterkeit aus. Oft stehen prunkvoll gekleidete Adlige im Mittelpunkt seiner monumentalen Werke, die sich durch ein meisterliches Raumverständnis und leuchtende Farben auszeichnen.

Veroneses *Der Raub von Europa* im Dogenpalast.

VENEDIGS **PORTRÄTMALER**

Rosalba Carriera (1675–1752) war vor allem bekannt für ihre mit neuartigen Pastellfarben angefertigten Porträts.

Pietro Longhi (1702–1785) malte Szenen aus dem Leben der Oberschicht.

Canaletto (Giovanni Antonio, 1697–1768) malte Stadtbilder (Veduten) von Venedig – von stillen Plätzen bis zu prunkvollen Stadtansichten.

Francesco Guardi (1712–1793) war ein Vedutenmaler, dem stimmungsvolle Effekte wichtiger waren als Details.

Prunkvolles Rokoko

Im 17. Jahrhundert geriet die Kunstmalerei in eine leichte Krise, die im 18. Jahrhundert wieder überwunden wurde. Giambattista (Giovanni Battista) Tiepolo (1696–1770), dessen Inspirationsquelle übrigens Paolo Veronese war, wurde zum größten Freskenmaler seiner Zeit. Tiepolo, häufig von seinem Sohn Gian Domenico unterstützt, fertigte dekorative Zyklen und Altarbilder für diverse venezianische Auftraggeber an. Zu den schönsten seiner Werke mit mythologischen Szenen in leuchtenden Farben zählen jene, die Sie in der **Ca' Rezzonico** (siehe S. 138) und in der **Scuola Grande dei Carmini in Dorsoduro** *(Dorsoduro 2616–2617, Tel. 041/528 9420, €€, scuolagrandecarmini.it)* bewundern können.

Venedigs *campi*

Ganz anders als der monumentale Markusplatz mit seinen Scharen an Touristen verströmen die Plätze in den Stadtvierteln Venedigs eine beinahe poetische Atmosphäre. Auf einigen dieser *campi* ist das gesellige Alltagsleben der gewöhnlichen Bürger der Stadt allgegenwärtig und man kann es als Besucher hautnah miterleben.

■ Campo San Barnaba

Für Freunde klassisch-venezianischer Fotomotive gibt es in Venedig wohl keinen besseren Ort als den Campo San Barnaba in Dorsoduro: am Kai vertäute Gondeln, alte Brücken über den Kanal, Straßencafés, Kopfsteinpflaster und eine prachtvolle Kirche. Jahrhundertelang trugen rivalisierende Familien auf der **Ponte dei Pugni** (Brücke der Fäuste) Faustkämpfe aus, was ihr den Namen einbrachte. Heute markieren vier Marmorfußabdrücke den Startpunkt dieses Kampfrituals. Fans von »Indiana Jones« kennen den Platz womöglich aus dem Film *Der letzte Kreuzzug*.

Fondamenta Gherardini 2771 • Vaporetto: Ca' Rezzonico

■ Campo Santa Maria Formosa

Dieser Platz in Castello trumpft mit all dem auf, was Venedig berühmt macht: einem Brunnen, grandiosen Palazzi, einer Gondelwerft, Marktständen und einer herrlichen Renaissancekirche. Es scheint so, als hätte sich seit 1730, als Canaletto die Szenerie verewigte, nichts verändert. Einige der Paläste an dem Platz dienen heute als Hotels.

Calle del Mondo Novo • Vaporetto: Ospedale, Rialto, San Zaccaria

■ Campo della Bragora

Dieser Platz in Castello ist von (spät) gotischen Bauwerken, wie etwa der Kirche **San Giovanni in Bragora** *(Tel. 041/520 5906)* aus dem 15. Jahrhundert und den Palazzi, geprägt. Nehmen Sie auf einer Bank im Schatten der Bäume Platz, um die Palazzi Gritti Badoer und Soderini an der Nordseite des Platzes zu betrachten. Im **Caffé Girani** *(Tel. 041/721 500, €)*, dem 1928 gegründeten Traditionslokal, röstet man die Kaffeebohnen selbst.

Calle de la Pietà und Calle Terazzera • Vaporetto: San Zaccaria

Gemüse- und Obsthändler mit schwimmendem Laden am Campo San Barnaba in Dorsoduro.

DORSODURO

■ Campo San Giacomo dall'Orio

Dieser grüne Platz in Santa Croce, der an einer Seite von der gleichnamigen Kirche (siehe S. 118) beherrscht wird, zieht vor allem Familien aus der Nachbarschaft und ruhesuchende Touristen an, wenngleich in den Bars und Cafés abends durchaus einiges los ist.

Campo San Giacomo dall'Orio • Vaporetto: Riva de Biaisio

■ Campo Santo Stefano

Tagsüber ist dieser Platz in San Marco ein Knotenpunkt für Touristen auf dem Weg zu den Highlights, abends sind die Bars und Boutiquen einen Besuch wert. Gönnen Sie sich ein Eis und setzen Sie sich auf die Stufen des Denkmals zu Ehren des italienischen Schriftstellers Niccolò Tommaseo.

Calle dello Spezier • Vaporetto: San Samuele

■ Campo San Polo

An diesem Platz (siehe S. 118–119) fiel Lorenzino de' Medici 1548 einem Auftragsmord zum Opfer. Heute dient er während des Karnevals als Schauplatz für Veranstaltungen (siehe S. 126–127).

Salita San Polo • Vaporetto: San Tomà, San Silvestro

Die Inseln

Venedig liegt inmitten einer sehenswerten Inselgruppe, für deren Erkundung man schon einen ganzen Tag einplanen sollte. Erreichbar sind die Inseln mit dem Vaporetto oder mit Privatbooten. Manche Inseln beherbergen Siedlungen, die teils älter sind als die Stadt selbst und von Flüchtlingen gegründet wurden, die nach dem Untergang des Römischen Reiches dem Festland entflohen. Seit ihrer Unabhängigkeit von Venedig gelang es den meisten Inseln bis heute, ihre eigene Identität und Dialekt zu bewahren. Vor allem auf den äußeren Inseln konnten sich Traditionen und Bräuche halten, wenngleich vielerorts die moderne Zeit durchaus Einzug gehalten hat. Murano ist auch heute noch berühmt für seine Glasmacherkunst, Burano für seine Spitzenherstellung und Torcello für seine jahrtausendealten Kirchen mit deren grandiosen Mosaikkunst. Die Lagune ist aber auch ein riesiges Naherholungsgebiet, in dem Einheimische und Touristen gleichermaßen gerne den Tag mit Bootfahren, Baden, Radfahren und anderen Aktivitäten verbringen.

◀ Bereits seit dem Mittelalter wird auf der Insel Murano Glas hergestellt.

Die Inseln

Alte Denkmäler und altehrwürdige Handwerkskunst zählen zu den Schätzen, welche die Besucher der Inseln rund um Venedig erwarten.

❶ Vetreria Artistica Vivarini (siehe S. 154) **Gehen Sie vom Vaporetto-Anleger Colonna westwärts am Ufer entlang, um die Handwerkskunst dieser führenden Glasbläserei zu bewundern. Kehren Sie zum Anleger zurück, folgen Sie der Fondamenta dei Vetrai, überqueren Sie die Ponte Longo und folgen Sie der Riva Longa und der Fondamenta da Mula in Richtung Museum.**

❷ Museo del Vetro (siehe S. 154–155) **Bestaunen Sie die imposante Sammlung kostbarer Glaskunst von einst bis heute. Halten Sie sich nach dem Ausgang links und folgen Sie der Fondamenta da Mula nordwärts in Richtung Campo San Donato.**

❸ Basilica dei Santi Maria e Donato (siehe S. 156–157) **Betrachten Sie in dieser Kirche aus dem 12. Jahrhundert den »Drachenknochen« und die Mosaiken. Dann zurück zur Fondamenta da Mula, über die Brücke des Campo Santo Stefano südwärts zum Anleger Faro und von dort mit dem Vaporetto nach Burano.**

DIE INSELN STRECKE: ETWA 20,2 KM DAUER: ETWA 8–10 STD.
START: VAPORETTO-ANLEGER MURANO/COLONNA

❹ Burano
(siehe S. 160–161)
Steigen Sie beim Vaporetto-Anleger von Mazzorbo oder Burano aus, entdecken Sie das Museo del Merletto, die Spitzenläden und die restliche Insel, bevor Sie mit dem Vaporetto zur Insel Torcello fahren. Folgen Sie beim Anleger der Fondamenta dei Borgognoni parallel zum Kanal in Richtung des alten Kirchturms.

❺ Basilica di Santa Maria Assunta
(siehe S. 157–158) Die für ihre Mosaiken berühmte Kirche ist das älteste Gebäude Venedigs. Danach gehen Sie einfach eine Tür weiter.

❻ Chiesa di Santa Fosca (siehe S. 158)
Diese Kirche, die fast genauso alt ist wie die Assunta-Kirche, beherbergt die Reliquien von zwei katholischen Heiligen. Überqueren Sie den Campo Richtung Museum.

❼ Museo di Torcello (siehe S. 159)
Die Sammlung von Artefakten aus der Lagune befindet sich in zwei alten Palästen und reicht von altsteinzeitlichen Steinäxten bis hin zu Gemälden der Renaissance.

HINTERGRUND

Einmal im Jahr, in der Vorweihnachtszeit, herrscht auf der ansonsten beschaulichen Insel Murano große Betriebsamkeit. Dann wird **Natale di Vetro** (Weihnachten aus Glas) gefeiert, ein Fest, das am Nikolaustag (6. Dez.) beginnt. Bei vergangenen Veranstaltungen gab es Attraktionen wie etwa den **Tunnel des Lichtes** mit Lüstern aus Muranoglas, eine **Regatta** mit historischen Booten zwischen verschiedenen Glasbläsereien sowie das **Ofen-Food-Festival**.

Vetreria Artistica Vivarini

1 In dieser hinter einer knallroten Fassade am Wasser gelegenen Manufaktur erreicht die Glaskunst ihren Höhepunkt. Die 1967 gegründete Vivarini-Glasfabrik gibt lokalen Glasbläsern und Künstlern von außerhalb die Gelegenheit, Glasobjekte wie etwa Skulpturen, Schalen, Teller, Vasen, Spiegel, Kerzenständer, Gläser und Lampenschirme herzustellen. Viele dieser Objekte sind Auftragsarbeiten für Kunden aus aller Welt. Den Glasbläsern ist es selbst überlassen, was sie anfertigen möchten. Experimentierfreude, die der Weiterentwicklung der traditionellen Glasherstellung Muranos dient, wird gefördert. Zu den Künstlern, die Objekte in den Glasöfen von Vivarini herstellten, zählen Fred Wilson, Yoko Ono, Ben Vautier, Ugo Nespolo und Armand Fernandez.

Fondamenta Serenella 5/6, Murano • Tel. 041/736 077 • € • Vaporetto: Murano/Colonna • vivarini.it

Museo del Vetro

2 In diesem Muranoglas-Museum erfahren Besucher alles über die lange Geschichte der Glaskunst – von der Antike bis heute. Das Museum verfügt über eine umfangreiche Sammlung von Exponaten aus aller Welt, die sich über eine Zeitspanne von 4000 Jahren erstreckt. Den Anfang der chronologisch präsentierten Sammlung machen Exponate aus Mesopotamien, dem alten Griechenland und Rom. Danach folgen das Mittelalter und das Goldene Zeitalter der venezianischen Glasmacherkunst. Besonders sehenswert sind die Werke Angelo Baroviers (1405–1460), des Glasbläsers aus Murano, der als Erster kristallklares Glas herstellte und damit sowohl die Glaskunst als auch die industrielle Glasfertigung revolutionierte (siehe S. 162–163). Außerdem gibt es tolle, mit Diamantgravuren

verzierte Werke des Meisters Vincenzo d'Angelo dal Gallo aus dem 16. Jahrhundert zu bestaunen. Einige Exponate zeigen typische Innovationen von dieser Insel, wie Milchglas, Filigranglas, Aventuringlas, während andere, wie etwa die in der Renaissance beliebten Lüster oder Vasen in Form eines Tieres, eher ausgefallen sind.

Als Nächstes folgen Exponate aus dem 18. und 19. Jahrhundert, als Glas aus Böhmen die Glasmacherkunst Venedigs in eine tiefe Krise stürzte. Hier wird gezeigt, wie die Glasbläser von Murano sich mit der Fertigung von Massenwaren über Wasser hielten. Das Comeback der venezianischen Glasmacherkunst im frühen 20. Jahrhundert lässt sich am besten anhand von Jugendstilschalen von Vittorio Toso Borella und vom Mosaikglas von Vittorio Zecchin veranschaulichen. Im letzten Saal sind Werke moderner Meister wie des Japanerers Yoichi Ohira und des Amerikaners Dale Chihuly ausgestellt.

Fondamenta Giustinian 8, Murano • Tel. 041/739 586 • geschl. 1. Jan., 25. Dez. • €€€ • Vaporetto: Murano Museo • museovetro.visitmuve.it

Das Muranoglas-Museum ist im einstigen Palazzo Giustinian auf Murano untergebracht.

Basilica dei Santi Maria e Donato

3 Muranos imposanteste Kirche ist eher für ihre geheimnisvollen Knochen und den Mosaikfußboden bekannt als für Heiligenfiguren oder Votive. Erbaut wurde sie im 12. Jahrhundert in romanischem Stil an der Stelle einiger Vorgängerkirchen zu Ehren der Jungfrau Maria und des heiligen Donatus von Arezzo, dem nachgesagt wurde, einen Drachen getötet zu haben. Dessen große Knochen hinter dem Hauptaltar sollen noch davon zeugen. Wahrscheinlicher jedoch ist, dass es sich dabei um die fossilen Überbleibsel eines großen Säugetiers, vielleicht eines Mammuts, aus dem Pleistozän handelt. Zweifellos noch sehenswerter jedoch ist der prachtvolle geometrische Mosaikfußboden nach byzantinischem Vorbild – inklusive Abbildungen von Tieren wie etwa Pfauen, Drachen und zwei Hühnern, die einen Fuchs gefangen haben. Angefertigt wurde das Mosaik um etwa 1140, als die Kirche die heutige Form erhielt.

Ein großer Abakus mit Kugeln aus Muranoglas vor der Basilica dei Santa Maria e Donato.

Ebenfalls sehenswert sind die goldenen Glasmosaiken der Jungfrau Maria oberhalb der Apsis sowie der steinerne Sarkophag mit den Gebeinen des heiligen Donatus. Obwohl nach venezianischen Grundsätzen erbaut, mutet das Gotteshaus mit seinem roten Stein und roten Dachziegeln eher romanisch an. Vor der westlichen Hauptfassade befindet sich ein kopfsteingepflasterter Platz, während die runde östliche Fassade mit ihren Säulen an der Kanalseite liegt und ein Fußweg den Glockenturm im Süden von der Kirche trennt.

Campo San Donato, Murano • Tel. 041/739 056 • € • Vaporetto: Murano Museo • sandonatomurano.it

HINTERGRUND

Nahe den mittelalterlichen Kirchen von Torcello gelegen wartet das Locanda Cipriani *(Piazza Santa Fosca 29, Tel. 041/730 150, €€€€)* mit klassischen, guten italienischen Weinen und einer Menge Geschichte auf. Als Inhaber von Harry's Bar (siehe S. 17) war Giuseppe Cipriani kein unbeschriebenes Blatt, als er 1934 dieses Landgasthaus gründete. Schnell lockte das Lokal hippe Venezianer jener Zeit an, darunter auch Ernest Hemingway, der sich kurzerhand in ein Zimmer über dem Lokal einmietete und dort sein *Über den Fluss und in die Wälder* verfasste. Zu den anderen berühmten Gästen zählten Winston Churchill, Marc Chagall, Maria Callas und Diana, die Prinzessin von Wales.

Burano

4 (siehe S. 160–161)

Laguna Veneto • Vaporetto: Burano, Mazzorbo

Basilica di Santa Maria Assunta

5 Torcellos Kathedrale wurde 639 von vor Atilla dem Hunnen geflohenen Festlandbewohnern aus rotem Stein errichtet. Vom ursprünglichen Gotteshaus, das über die Jahrhunderte hinweg regelmäßig renoviert wurde, ist jedoch nicht viel mehr übrig geblieben als die Außenmauern des Langhauses und der Apsis sowie der Eingangsbereich der Taufkapelle. Nichtsdestotrotz sind die byzantinischen und romanischen Einflüsse, die den frühvenezianischen Baustil prägten, nach wie vor unverkennbar. Nachdem er viele Jahre als Taubenschlag gedient hat, wurde der Glockenturm aus dem 11. Jahrhundert, der einen herrlichen Blick über Torcello und die Nachbarinseln bietet, renoviert und dem Publikum geöffnet. Der Kircheninnenraum besteht aus einem Langhaus und Seitenkapellen, von der Apsis getrennt durch einen prachtvollen Lettner. Der

wichtigste Grund jedoch, diese Kirche und Torcello zu besuchen, sind die grandiose, überwiegend aus geometrisch angeordneten Fliesen bestehende Fußbodenmosaiken im byzantinischen Stil, die frühesten ihrer Art in ganz Venedig. Über der Apsis befindet sich ein Bilderfries aus dem 11. Jahrhundert, der *Maria mit dem Kind und die 12 Apostel* zeigt. Übertroffen werden beide übrigens vom grandiosen Mosaik an der Westwand, welches *Das Jüngste Gericht* mit einer Darstellung der Hölle im Stile Dantes thematisiert. Außerdem beherbergt die Kirche Reliquien der Heiligen Heliodorus und Cecila.

Piazza Torcello • €€ • Vaporetto: Torcello

GUT **ESSEN**

■ ACQUASTANCA
Die einstige Bäckerei ist heute ein beliebtes Lunchlokal mit moderner Einrichtung. Neben frischen Fisch- und Nudelgerichten gibt es köstliches hausgemachtes Tiramisu und andere Desserts. **Fondamenta Manin 48, Murano, Tel. 041/319 5125, €€€**

■ AL CANTON
Dieses Café am Campo San Donato und am Wasser serviert Nudeln mit Meeresfrüchten wie Spaghetti mit Muscheln und gegrillten Kalmar. **Campo San Donato 20, Murano, Tel. 041/527 5186, €€**

■ RIVA ROSA
Himmlisches Risotto und Meeresfrüchte-Antipasto sind nur zwei der Köstlichkeiten dieses Familienbetriebs auf Burano. Tipp: die Dachterrasse. **Via San Mauro 296, Burano, Tel. 041/730 850, €€€€**

Chiesa di Santa Fosca

6 Neben der Assunta-Kirche beherbergt die Piazza Torcello noch ein zweites Gotteshaus, das zu Ehren der heiligen Fosca errichtet wurde. Die im 11. und 12. Jahrhundert auf dem Grundriss eines griechischen Kreuzes erbaute und von einer Kuppel mit roten Dachziegeln überwölbte Kirche scheint noch stärker byzantinisch geprägt zu sein als ihre Nachbarin. Die Fassade umfasst einen wunderbaren Vorbau mit Steinsäulen und einem Basrelief, auf dem Gläubige vor der heiligen Fosca knien. Die Heilige selbst wurde im Kircheninneren beigesetzt – ein gläsernes Grabmal neben dem Altar enthält ihre Reliquien. Fosca war erst 15 Jahre alt, als sie und ihre Begleiterin Maura um 250 n. Chr. zu Tode verurteilt wurden, nachdem Foscas Vater sie wegen ihrer Bekehrung bei den Autoritäten Roms angezeigt hatte. Mit ihrer schlichten Apsis und Holzdecke ist die Fosca-Kirche sogar noch zurückhaltender ausgestattet als die Assunta-Kirche.

Piazza Torcello • € • Vaporetto: Torcello

Museo di Torcello

7 Die Sammlung dieses kleinen, interessanten Museums jenseits der Piazza Torcello umfasst Schätze von Torcello und den Nachbarinseln, verteilt über zwei historische Gebäude. Archäologische Fundstücke – von altsteinzeitlichen Steinäxten über etruskische Tonwaren und griechische Skulpturen bis hin zu römischen Öllampen und einem Tintenfass in Form eines Hirsches – werden im **Palazzo dell'Archivio** aufbewahrt. Eine mit Tafeln versehene Steinmauer bildet die Verbindung mit dem **Palazzo del Consiglio**, der Exponate aus der Zeit vom frühen Christentum bis hin zum 19. Jahrhundert beherbergt. Die Bandbreite ist enorm und reicht von byzantinischen Mosaiken zu Bildern der Renaissance. Zu den Höhepunkten zählen ein mehrfarbiger Holzschnitt von Foscas Leichnam aus dem 15. Jahrhundert, der aus der Fosca-Kirche stammt, und eine vergoldete Altartafel aus Silber aus dem 13. Jahrhundert.

Piazza Torcello • Tel. 041/730 761• geschl. Mo • € • Vaporetto: Torcello • museoditorcello.provincia.venezia.it

Dieses Marmorrelief aus dem 15. Jahrhundert an einer Mauer im Garten des Museums zeigt den heiligen Bartholomäus.

Burano

Burano ist berühmt für seine bunten Häuser, frischen Meeresfrüchte und unglaublich aufwendigen Spitzen seine Stickerinnen.

Edle Gewänder, ausgestellt in einem der vielen Spitzengeschäfte auf der Insel.

Die im 6. Jahrhundert n. Chr. gegründete quirlige Inselstadt blühte erst im 16. Jahrhundert auf, als sie für ihre Spitzenherstellung bekannt wurde. Reichtum und Wohlstand brachte eine Technik ein, die hier entwickelt wurde und Europa rasend schnell eroberte: *punto in aria* (»Stickerei in der Luft«). Hierbei verwendet man Nadeln statt eines Webstuhls. Wie es heißt, entstanden in jener Zeit auch die bunten Häuser Buranos. Die Gewohnheit, Häuser in leuchtenden Farben anzumalen, entsprang dem Bedürfnis der Seeleute, ihre Insel besser identifizieren zu können, wenn das Wetter mal nicht mitspielte.

Museo del Merletto

Im Spitzenmuseum *(Piazza Baldassare Galuppi 187, Tel. 041/730 034, €€)* gibt es feine Spitzenarbeiten für Kleider, Sakkos und Bettwäsche zu bewundern, die Buranos Spitzenstickerinnen in der Renaissance und im Barock herstellten. Heute schmücken sie die Räume des Podestà-Palastes, einst die Heimat der **Scuola dei Merletti** (die Spitzenschule der Insel).

Stickereienmeile

Tisch- und Bettwäsche und andere bestickte Gebrauchsgegenstände – und auch alte Spitzen – können Sie bei **La Perla Gallery** *(Via Galuppi 287 und 376, Tel. 041/730 009)* und anderen Läden nahe der Piazza Galuppi erstehen.

Schiefer Turm

Jenseits der Piazza befindet sich die zu Ehren Buranos Schutzpatron erbaute **Chiesa di San Martino**. Die Kirche aus dem 15. Jahrhundert, die auch eine Kreuzigungsszene von Tiepolo beherbergt, ist bekannt wegen ihres schiefen Glockenturms, der sich nicht weniger als 183 cm zur Seite neigt und zusehends tiefer in den weichen Inselboden versinkt.

CLEVER **REISEN**

Zu den stillsten Ecken der Lagune zählt zweifellos das **Kloster San Francesco del Deserto** *(Tel. 041/528 6863, geschl. Mo, Eintritt gegen eine Spende)* auf der Insel gleichen Namens. Das Kloster, im 13. Jahrhundert gegründet, nachdem Franz von Assisi die Insel besucht hatte, wird nach wie vor von Franziskanermönchen in braunen Soutanen bewohnt. Besucher sind herzlich willkommen und werden von den Mönchen herumgeführt. Zur Insel fahren Boote von **Laguna Fla** *(Tel. 041/528 6863, lagunaflaline.it)*.

Beliebtes Fotomotiv

Zweifellos das auffälligste Haus der Insel ist **La Casa di Bepi Suà** *(Via al Gottolo 339)*, ein mehrfarbiges Haus mit geometrischem Dekor an einer der engsten Nebengassen der Via Galuppi. Nicht weniger farbenfroh ist die Fischerbootswerft der Cooperativa San Marco, wo jeden Morgen der lokale Fang an Land gebracht wird.

Mazzorbo

Eine Fußgängerbrücke führt zur Nachbarinsel **Mazzorbo**, einer Insel, auf dem etwas Gemüse- und Weinbau betrieben wird. Neben einer kleinen Kirche, der **Chiesa di Santa Catarina** *(geschl. Di–Do)*, liegt auf Mazzorbo auch der Friedhof Buranos.

Laguna Veneta • Vaporetto: Burano, Mazzorbo

Venezianische Handwerkskunst

Dank seiner zentralen Lage an den Handelsrouten zwischen Ost und West hatte die Republik Venedig fortwährend Zugang zu Rohstoffen wie etwa Seide, Edelmetallen und Edelsteinen, seltenen Farben und Farbstoffen, aus denen die zahlreichen Handwerker der Stadt eine Fülle an Luxusprodukten anfertigten. Handwerkskunst war eine zentrale Säule des Lebens in Venedig und ist es nach wie vor, wenngleich die meisten heutigen Betriebe nur klein sind.

Emailliertes Muranoglas aus dem 15. Jahrhundert. Gegenüber: Eine Gravur, die den Besuch des Dogen bei einer Glashütte auf Murano im 17. Jahrhundert zeigt.

Glas in Vollendung

Die Glaskunst Venedigs entstand vermutlich schon zu Zeiten der Römer. Wegen zunehmender Brandgefahr verlagerte man die Glashütten im 13. Jahrhundert nach Murano, dessen Glasbläser als sehr innovativ galten und ständig neue Techniken entwickelten. Im 15. Jahrhundert erfand Angelo Barovier die *cristallo*-Methode, mit der sich kristallklare blasenfreie Gläser machen ließen. Das Glas, das dabei entstand, war dünn und sehr leicht und eignete sich so besonders für elegante Weingläser. Aus jener Zeit stammt auch das Milchglas, *lattimo* genannt. Das opake, milchweiße Glas ähnelte dem sehr beliebten chinesischen Porzellan, das man damals importierte. Auch fingen Muranos Glasbläser an, Kelchgläser zu emaillieren und zu vergolden – wie die Osmanen es bereits taten – und Schüsseln und Gläser mit Filigran (Gitter oder Stränge aus Milchglas- oder Buntglasfäden) aufzuhübschen. Im 17. Jahrhundert erfand man Aventuringlas oder Goldfluss – Glas, in das man Metallflecken einbrannte, um es für andere Verwendungszwecke wie Schmuck geeignet zu machen.

Nach langer Krise im 17. und 18. Jahrhundert glückte Muranos Glasmachern im 19. und 20. Jahrhundert ein Comeback. Glashütten wie Fratelli Toso, Salviati und Venini etablierten sich neben den alteingesessenen Familienbetrieben wie etwa Barovier. Zu den Neuentwicklungen zählten Techniken wie *bullicante*, Glas mit Luftblasen, sowie *sommerso*, Buntglas mit einem Schichteffekt. Während einige Betriebe sich auf die Produktion von Alltagsgegenständen spezialisierten, setzten andere auf die Herstellung moderner Kunstobjekte in Zusammenarbeit mit internationalen Künstlern und Designern. Zur Abgrenzung von Billigprodukten hob man für echte Muranoglasobjekte das Gütezeichen »Vetro Artistico Murano« aus der Taufe.

Inseltradition

Was Murano für Glas ist, ist Burano für Spitzen. Bereits im 16. Jahrhundert entstanden auf Burano die ersten mit Nähnadel und Leinenfaden gefertigten Spitzenstickereien. Mit Techniken wie dem

Point de Venise, bei der die Spitzen ein deutliches Relief und ein barockes Muster erhielten, und dem wunderschönen Perlstich verschönerte man im 17. Jahrhundert Halsausschnitte und Taschentücher. Die ersten Designs waren geometrisch, aber alsbald folgten Pflanzen-, Blumen- und Tiermotive. Der ganz feine Point du Burano war eine Erfindung des 18. Jahrhunderts. Im späten 16. Jahrhundert gab es zwei gängige Methoden: klöppeln und sticken. Heute werden die meisten Spitzen maschinell gefertigt, wenngleich es immer noch einige kleine Spitzenmanufakturen gibt. Die Preise für handgemachte Spitzen, in denen schnell einige Monate Arbeit stecken, sind hoch.

Materieller Wohlstand

Venedig ist auch berühmt für seine kostbaren Stoffe. Im späten 15. Jahrhundert waren 2000 Webstühle in Betrieb, die weichen Samt, glänzenden Damast und reich mit Silber- oder Goldfäden verwobenen

Klöppelspitze auf der Insel Burano.

Fortuny-Seide mit Silberapplikation aus dem 20. Jahrhundert.

SELTENE **BUCHBINDEKUNST**

Ost wie West prägten das venezianische Design und auch die Buchbindekunst. Die Buchdruckkunst hatte Venedig im 15. Jahrhundert erreicht und alsbald beherrschten die Buchbinder der Stadt die osmanische Methode des Buchbindens mit Leder und die Verzierung von Büchern mit handgemalten goldenen Buchstaben und Ornamenten. Im 18. Jahrhundert benutzten sie auch handgefertigte Vorsatzblätter aus Marmor. Die wenigen Traditionsbuchbinder, die es heute noch gibt, stellen handgeschöpftes Papier, Geschäftsbücher, Notizhefte und Tagebücher mit Ledereinband her.

Brokat herstellten. Hatte man anfänglich nach byzantinischem Vorbild produziert, tauchten auch bald Stoffe mit Blumenmotiven im osmanischen Stil auf. Heute halten noch einige Kleinbetriebe, von denen Fortuny wohl der bekannteste ist, die Tradition am Leben. Der 1919 von Modeschöpfer Mariano Fortuny gegründete Betrieb entwickelte die Plissee-Methode und stellt auf Giudecca nach wie vor traditionelle Möbelstoffe her. Betriebe wie Bevilacqua oder Rubelli greifen für einige ihrer Möbelstoffe auf ein Archiv mit Renaissancestoffen zurück. Einige Samt- und Damaststoffe werden gar auf Webstühlen aus dem 17. und 18. Jahrhundert hergestellt. Da jährlich nur wenige Hundert Quadratmeter produziert werden, sind die Preise entsprechend hoch. Die wenigen unabhängigen Weber fertigen auf Handwebstühlen Stoffe aus Seide, Baumwolle und Wolle für die Modeindustrie sowie Schals und Tücher an.

Sommer in der Lagune

Die vielen Wasserwege und Inseln der Stadt bilden den perfekten Rahmen für ausgiebiges Sommervergnügen. Ob Sie es sich an einem Sandstrand gemütlich machen oder sich einer eher schweißtreibenden Aktivität wie Radfahren hingeben, die Lagune hält zahllose tolle Möglichkeiten bereit, sich unter freiem Himmel zu beschäftigen.

■ Sandstrände

Zwischen den Inseln **Lido** und **Pellestrina** und der **Halbinsel Cavallino** warten 35 Kilometer Sandstrand entlang der glitzernden Adria. Der bekannteste (und meistbesuchte) Abschnitt ist der Lido, 1857 einer der weltweit ersten Seebadeorte und seitdem ein Beispiel für zahlreiche andere *lidos* andernorts in der Welt. Heute erwartet der beliebte Strand Sie mit öffentlichen und privaten Strandhütten und zahlreichen Angeboten wie Radfahren, Rollerfahren und Wandern an der Küstenpromenade (Lungomare) und in den dahinter gelegenen Sanddünen.

■ Radfahren entlang der Küste

Der zwischen Lidos Vaporetta-Anleger und dem Hauptstrand gelegene Fahrradverleih **Venice Bike Rental** *(Granviale Santa Maria Elisabetta 79a, Tel. 041/526 1490, €–€€€, venicebikerental.com)* stellt mehr als 200 Fahrräder bereit, mit denen sich die Gegend erkunden lässt. Die Küstenpromenade (Lungomare) liegt direkt vor der Haustür und markiert den Startpunkt einer 10,5 Kilometer langen Tour nach Malamocco und zum Strand von Alberoni am südlichen Ende der Insel. An diesem Ort mit seinen neun Meter hohen Sanddünen drehte Luchino Visconti 1971 den Kinofilm *Der Tod in Venedig* nach der Novelle von Thomas Mann, mit Dirk Bogarde in der Hauptrolle. Für Sportliche empfiehlt sich die Überfahrt mit der Autofähre zur Nachbarinsel Pellestrina. Dort wartet eine herrliche, ebenfalls 10,5 Kilometer lange Strecke von Santa Maria del Mare nach Villagio Ca' Roman.

■ Scoot Around

Nichts ist so italienisch wie Rollerfahren – über die Dörfer oder entlang der Adriaküste. **Venice Scooter Rental**

Die Insel Lido – ein Paradies für Segler.

(Via Negroponte 14, Tel. 388/888 8842, €€€€€, scooterrentvenice.com) nahe Lidos Vaporetto-Anleger vermietet Roller stunden- oder tageweise – von zwei Stunden bis sieben Tagen. Wer nicht auf eigene Faust losfahren will, kann zwischen April und September an einer dreistündigen geführten Rollertour über die Inseln Lido und Pellestrina teilnehmen. Die Wegstrecken sind identisch mit den zuvor genannten Radtouren, wenngleich der schmale südliche Zipfel von Pellestrina für den Straßenverkehr nicht geeignet ist.

■ LEBEN WIE PROMINENTE

Treten Sie in die Fußstapfen der zahlreichen Prominenten und dinieren Sie im **Ristorante Tropicana** *(Lungomare Guglielmo Marconi 41, Tel. 041/526 0201, €€€€€, hotelexcelsiorvenezia.com)*, das mit exquisiter mediterraner Küche und Blick auf die Adriaküste der Insel Lido aufwartet. Das im maurisch anmutenden **Hotel Excelsior** ansässige Lokal ist während der **Filmfestspiele von Venedig** (siehe S. 168–169) traditionsgemäß die Anlaufstelle für Filmstars, Regisseure und andere Prominente. In der kühleren Zeit sitzt

Filmfans warten vor dem Palazzo del Cinema auf dem Lido auf Autogramme.

man drinnen unter Lüstern und einer Holzbalkendecke. Ebenfalls beliebt bei Vertretern der Filmindustrie ist das **La Tavernetta** *(Via Francesco Morosini 4, Tel. 041/526 1417, €€€€, latavernetta lido.com)*, ein Lokal, in dem unter anderem typisch venezianische Meeresfrüchtegerichte, toskanische Fleischgerichte und etwa 150 verschiedene italienische Weine serviert werden. Die Wände dieses gemütlichen Restaurants sind dekorativ bestückt mit zahllosen eingerahmten Fotografien von Filmlegenden, die sich hier schon mal die Ehre gegeben haben.

■ Ein Muss für Filmfans

Die **Filmfestspiele von Venedig** fanden zum ersten Mal 1932 statt und zählen heute zu den Höhepunkten des Filmjahres. Die elftägige Veranstaltung im **Palazzo del Cinema** *(Lungomare Guglielmo Marconi, Tel. 041/521 8711)* nahe der südlichen Spitze des Lidos beginnt Ende August und endet Anfang September. Dieser Art-déco-Palast verfügt über drei riesige Filmsäle, von denen der größte, bei Filmemachern aus aller Welt sehr beliebte Saal 1100 Zuschauer fasst. Federico Fellini soll gesagt haben, dass das Gefühl beim Betreten des Palazzo del Cinema vergleichbar wäre mit dem Gefühl, eine Prüfung bestanden zu haben. In der Regel wird bereits im Juli bekannt gegeben, welche Filme bei der aktuellen Ausgabe nominiert und zu sehen sein werden.

■ Wie die Gondolieres

Seit 2000 Jahren paddeln Venezianer mit Stangen und Riemen über die Lagune. Warum sollten Besucher es nicht genau so tun? **Row Venice** *(Tel. 345/241 5266, €€€€€, rowvenice.org)* in Cannaregio bietet einen kurzen Lehrgang in *voga alla veneta*, der traditionellen Art des Ruderns im Stehen, an. Diese gemeinnützige Organisation, die im Übrigen fast nur Frauen beschäftigt, setzt sich für den Erhalt und die Förderung der traditionellen venezianischen Wasserkultur ein. Für die 90-minütigen Lehrgänge, die auf ruhigen Seitenkanälen und weiter draußen in der Lagune stattfinden, benutzt man traditionelle *batelina*. Die Kurse, die in sechs verschiedenen Sprachen, darunter auch Deutsch abgehalten werden, sind auch für Kinder geeignet. Zu den weiteren Angeboten zählen **Vogata di Sera**, Ruderabende auf dem Canal Grande, sowie **Cicchetto Row**, Ruderkurse, kombiniert mit einem leichten Abendessen.

■ Paddeln in der Lagune

Das Labyrinth von Wasserwegen in und rund um Venedig ist ein ideales Terrain für Kajaktouren, in denen die historische Stadtkulisse und die Weite der Lagune im Mittelpunkt stehen. Der auf der Insel La Certosa ansässige Kajakverleih **Venice Kayak** *(Tel. 346/477 1327, €€€€€, venicekayak.com)* bietet diverse Halb- und Ganztagestouren (in Englisch oder Italienisch) auf dem Canal Grande, dem Bacino di San Marco und kleineren Seitenkanälen an. Neben den Tagestouren rund um Burano, Torcello, San Francesco del Deserto und La Certosa sowie um die Salzmarschen stehen auch Geschichts- und Nachttouren für Gruppen wie Einzelpersonen sowie individuelle Paddeltouren auf dem Programm. Die Touren sind auch für Kinder geeignet.

HINTERGRUND

Für ausgiebige Bootstouren durch die Lagune ist Terra e Acqua *(Tel. 347/420 5004, €€€€€, veniceboat.org)* die richtige Adresse. Je nach Tour (nördliche oder südliche Lagune) gibt es die Möglichkeit, sich mit Fischern zu unterhalten, auf San Lazzaro degli Armeni ein Kloster zu besuchen oder auf Sant'Erasmo Artischocken zu kaufen. Das Tollste: die Schönheit dieses einmaligen Naturparadieses hautnah zu erleben.

S VOGA RIV. DEL BRENTA

TEIL 3

Praktische Reisetipps

REISEPLANUNG

Beste Reisezeit

Die Stadt ist das ganze Jahr über einen Besuch wert, wenngleich die Hauptsaison und die Nebensaison gleichermaßen ihre Vorzüge haben.

Im **Winter** verschwindet die Stadt häufig unter einer Nebeldecke, was eine romantische Atmosphäre erzeugt. Hochwasser, ***acqua alta***, infolge eines starken Anstiegs des Wasserspiegels der ohnehin tidenabhängigen Adria sind in dieser Jahreszeit ebenfalls keine Seltenheit. Da im Winter deutlich weniger Touristen Venedig besuchen, lässt sich die Stadt viel entspannter entdecken als in den Sommermonaten. Im Spätherbst, am 21. November, findet auch ein bedeutendes Fest statt: **Festa della Madonna della Salute**.

Einen weiteren Haken hat der Venedig-Besuch im Winter jedoch: Manche Museen haben in dieser Zeit eingeschränkte Öffnungszeiten und einige Geschäfte machen im **Januar** und/oder **Februar** komplett zu und erst kurz vor **Karneval** wieder auf (meistens zwischen Februar und März, zehn Tage vor der Fastenzeit). Wie bereits gesagt, zählt der Karneval zu den bedeutendsten Veranstaltungen in Venedig.

Die Zeit, in der alles geöffnet hat, ist in den Monaten **April bis Oktober**, allerdings mit Ausnahme von **August**, wenn die Venezianer, wie die meisten Italiener, in den Sommerurlaub aufbrechen.

Ein Venedig-Besuch im Sommer hat den Vorteil, dass sich das Leben vorwiegend draußen abspielt – an der Lagune, an einem Kanal oder auf einem der zahlreichen *campi* (Plätze). Außerdem kann man die Insel **Lido** besuchen und bei **Venice Bike Rental** *(Granviale Santa Maria Elisabetta 79a, Tel. 041/526 1490, €–€€€, venicebikerental.com)* ein Fahrrad ausleihen.

Juni ist der Monat der **Biennale di Venezia**: in einem Jahr für Kunst, im anderen für Architektur. Am 21. Juni steigt die **Art Night Venezia**, die lange Nacht der Kultur, bei der um die 100 Museen und Kunstgalerien bis Mitternacht geöffnet haben und überall in der Stadt Liveperformances und Kunst- und Musikveranstaltungen stattfinden.

Im **Juli** erwarten Besucher Feste wie etwa die **Festa del Redentore** und die **Festa di San Giacomo dall'Orio**, während im **September** die **Filmfestspiele** und die **Regata Storica**, historische Regatta, auf dem Programm stehen.

Klima

Das Klima Venedigs ist vergleichsweise mild, wobei die Temperaturen ständig wechseln. Verfolgen Sie etwa eine Woche vor Ihrem Venedig-Besuch den Wetterbericht und Sie werden feststellen, dass die Vorhersagen sich mindestens zehn Mal ändern.

Die **Wintermonate** sind ziemlich kalt, die Temperaturen gehen zurück bis knapp unter den Gefrierpunkt. In einigen wenigen Nächten gibt es sogar leichten Frost (-3 °C), aber meistens liegen die Temperaturen zwischen 0 und +10 °C. Schnee gibt es nur selten – und wenn, dann ist er im Nu wieder verschwunden.

November ist oft der garstigste und regenreichste Monat. Der Regen lässt die Hochwassergefahr ansteigen und die Stadt mutet in der Zeit farbloser an als sonst. Wenn sie dann noch im Nebel versinkt, wirkt sie ziemlich nasskalt.

Im **Dezember** und **Januar** kann es zwar kalt sein, dafür ist der Himmel häufig klar und blau. Im **Februar** steigt die Hochwassergefahr wieder und mit Temperaturen von meist so zwischen 5 und 14 °C geht es dann in den **März** hinein.

Erst im **April** überspringt das Thermometer wieder die 15-Grad-Marke und nimmt die Chance auf klares Wetter und einen blauen Himmel zu. Der **Mai** ist bereits herrlich warm und der **Juni** schon richtig sommerlich – in den letzten Jahren mit Höchsttemperaturen von um die 30 °C.

Juli und **August** sind die heißesten Monate, mit Höchsttemperaturen zwischen 26,5 und 33 °C. In diesen Monaten kann es sehr schwül sein, vor allem im Stadtzentrum. Es ist die Zeit, in der die Venezianer am nahen Lido ihre Strandhütten, die sie oft für eine ganze Saison mieten, aufsuchen. Im **September** ist das Wetter sehr angenehm – warm, aber nicht so stickig wie im Hochsommer. Tage mit viel Sonnenschein gibt es noch bis weit in den **Oktober** hinein.

Das beste Sightseeing-Wetter gibt es in den Monaten **Mai** und **September**.

Nicht vergessen

Venedig lebt vom Tourismus und so gibt es hier, wie in allen europäischen Städten, alles, was man heutzutage so braucht.

Sollte während ihres Besuchs Hochwasser angesagt sein, dann werden Sie ganz sicher Gummistiefel, einen Regenschirm und Regenkleidung benötigen. Da die Gepäckmitnahme im Flugzeug heute oftmals Beschränkungen unterliegt, bietet es sich an, diese Sachen erst vor Ort zu kaufen. Erhältlich sind sie überall in Venedig. So haben Sie im Koffer noch Platz für andere wichtigere Dinge.

Apotheken gibt es viele in Venedig. Sie sollten wissen, dass zahlreiche Medikamente, die in anderen Ländern rezeptpflichtig sind, hier frei erhältlich sind. Wer ein solches Medikament nehmen muss, sollte besser auf Nummer sicher gehen und es mitbringen.

Ausweispapiere

Für die Einreise nach Italien, das Einchecken am Flughafen und im Hotel etc. benötigen EU-Bürger lediglich einen Personalausweis.

Versicherung

Schließen Sie vor Ihrer Reise eine Reiseversicherung mit ausreichend hohem Schutz ab, die unter anderem Notfallhilfe, Verlust, Diebstahl, Rückführungskosten, Flugausfälle und Verzögerungen usw. mit abdeckt.

Wer Flug und Unterkunft mit Kreditkarte bezahlt, ist häufig auch über diesen Weg bereits gegen etwaige Schäden etc. versichert.

Diebstahl

Bei Diebstahl sollten Sie bei der Hauptdienststelle der Polizei (Carabinieri) am **Markusplatz** (Piazza San Marco) Anzeige erstatten (notfalls steht dort ein Dolmetscher zur Verfügung). Eine solche Anzeige ist vor allem dann wichtig, wenn es sich um eine Versicherungssache handelt oder Sie neue Identitätspapiere beantragen müssen.

Krankenversicherung

Opfer von (Verkehrs)Unfällen können in Italien jederzeit eine kostenlose Behandlung in einer der Ambulanzen in Anspruch nehmen. Reisende aus einem EU-Land und auch aus der Schweiz sowie Liechtenstein sind über die **Europäische Krankenversicherungskarte** versichert.

Buchempfehlungen

Es gibt zahlreiche tolle Bücher über Venedig oder mit Venedig in der Hauptrolle, wie etwa:

Romane

- *Tod in Venedig,* Thomas Mann
- *Die Aspern-Schriften,* Henry James
- *Der Trost von Fremden,* Ian McEwan
- *Wenn die Gondeln Trauer tragen,* Daphne du Maurier
- *Tödliche Lagune,* Michael Dibdin
- *Tausend Tage in Venedig,* Marlena de Blasi
- Commissario-Brunetti-Krimis von Donna Leon

Nonfiction

- *Maskenspiele: Eine venezianische Affäre,* Andrea di Robilant
- *Francesco's Venice,* Francesco da Mosto (englischsprachig)
- *The Secrets of the Grand Canal: Mysteries, Anecdotes, Curiosities About the Most Beautiful Boulevard in the World,* Toso Fei (englischsprachig)
- *Venice: History of the Floating City,* Joanne M. Ferraro (englischsprachig)

ANREISE

Mit dem Flugzeug

Venedig hat zwei internationale Flughäfen: **Marco Polo**, der Hauptflughafen, und Ryanairs Flughafen in **Treviso**. Mit dem Bus liegt der Flughafen Marco Polo nur 35 Minuten vom Stadtzentrum entfernt. Fahrkarten sind am Flughafen bei **HelloVenezia** *(veneziaunica.it)* oder am Fahrkartenautomaten unweit der Bushaltestelle erhältlich. Der **AeroBus No. 5** *(Tel. 041/240 1701, 8 €, actv.it)* bringt Sie direkt zum Piazzale Roma, von wo Sie mit dem Vaporetto weiterfahren können.

In nur zehn Gehminuten in Richtung Wasser (nach dem Verlassen des Flughafens gleich links) erreichen Sie den Anleger der **Alilaguna**-Boote *(Tel. 041/240 1701, 15 € einfache Fahrt, alilaguna.it)*.

Es gibt vier verschiedene farblich gekennzeichnete Linien mit unterschiedlichen Zielen und Haltestellen in der Stadt und auf den Inseln Lido und Murano. Nähere Informationen finden Sie auf der (englischsprachigen) Webseite des Betreibers.

Weitere Alternativen sind die – sehr teuren – **Wassertaxis**, mit Preisen von 80 bis 120 €, und das normale Taxi, mit dem Sie für 60 € über den Landweg zum Piazzale Roma gelangen.

Wer in Treviso landet, hat lediglich eine Möglichkeit, in die Stadt zu gelangen: mit dem **Atvo-Bus** *(12 € einfache Fahrt, atvo.it)*, der vor dem Flughafengebäude wartet. Fahrkarten für die 40-minütige Fahrt sind im Flugzeug erhältlich.

Mit der Bahn

Venedig verfügt bereits seit den 1860er-Jahren über eine Bahnverbindung mit dem Festland und ist somit an die wichtigsten Städte Italiens und Europas wie Paris, Wien und München angebunden. Der Hauptbahnhof, **Stazione Venezia Santa Lucia** *(grandistazioni.it)*, liegt nahe dem Canal Grande direkt hinter dem Vaporetto-Anleger Ferrovia.

Mit dem Auto

Wer mit dem Auto nach Venedig fährt, für den ist der Piazzale Roma Endpunkt. Denn Venedig ist völlig autofrei. Parkmöglichkeiten gibt es zuhauf, zum Beispiel die **Garage San Marco** am Piazzale Roma *(Piazzale Roma 467/F, Tel. 041/523 2213, garagesanmarco.it)* mit 900 Parkplätzen und einer Parkgebühr von 30 € je 24 Stunden.

Oder in Tronchetto im Westen der Stadt, wo **Venezia Tronchetto Parking** *(Isola Nuova del Tronchetto, Tel. 041/520 7555, veniceparking.it)* 4000 Parkplätze anbietet, die jeweils 21 €/24 Stunden kosten. Von dort kommt man problemlos mit dem öffentlichen Nahverkehr in die Innenstadt.

Mit dem Bus

Eurolines *(0861 1991900, eurolines.it)*, **GoEuro** *(goeuro.com)* und **FlixBus** *(+49 030 300 137 300, flixbus.it)* bieten Busverbindungen zwischen Venedig und anderen Städten in und außerhalb Italiens an. Die Busfahrt von Genua nach Venedig zum Beispiel dauert fünf Stunden und 50 Minuten und kostet 15 € – nur eine Stunde länger als die Fahrt mit der Bahn, jedoch um die Hälfte billiger.

UNTERWEGS IN VENEDIG

Öffentlicher Nahverkehr

In Venedig spielt sich der öffentliche Nahverkehr fast ausschließlich auf dem Wasser ab. Neben dem Vaporetto gibt es die ***motoscafi*** (Wassertaxis) und ***motonave*** (größere Wasserbusse), die ebenfalls von **ACTV** *(actv.avmspa.it)* betrieben werden. Das meistbenutzte Transportmittel jedoch sind die Vaporetti, die flachen Schiffe, die vor allem auf den Hauptrouten in der Stadt und auf dem Canal Grande fahren. Die moderneren, stromlinienförmigen ***motoscafi*** schützen besser gegen die Elemente und fahren auf Routen abseits des Canal Grande, Canale della Giudecca und Bacino di San Marco. Auf den Routen zwischen Venedig und den Inseln Murano, Burano, Torcello und Lido werden ***motonave***, die größten Wasserbusse, eingesetzt.

Es kommt vor, dass die Routen der Vaporetti, die teils nur in der Hochsaison verkehren, sich ändern. Laden Sie sich einfach kurz vor Ihrer Venedig-Reise den aktuellen Routenplan von der ACTV-Webseite herunter.

An einigen Stellen in der Stadt befinden sich die Haltestellen der ***traghetto*** (Fähre). Von hier können Sie mit einer von zwei Gondoliere geruderten Riesengondel über den Canal Grande übersetzen (täglich von 7 bis 19 Uhr, Kosten: 2 €, zu zahlen an die Gondoliere).

Fahrkarten

Die meisten großen Vaporetto-Anleger – Rialto, San Marco Vallaresso und San Zaccaria – verfügen über einen von **ACTV** oder **HelloVenezia** betriebenen Fahrkartenschalter *(biglietto)*. Die übrigen Anleger sind mit Fahrkartenautomaten mit Touchscreen ausgestattet. Die Fahrkarten, die Sie vor der Fahrt entwerten müssen, kosten 7,50 € je einfacher Fahrt, sind 75 Minuten gültig und gelten für alle Boote. Es gibt auch sogenannte **Tourist Travel Cards**, die entweder einen Tag *(20 €)*, zwei Tage

(30 €), drei Tage *(40 €)* oder sieben Tage*(60 €)* gültig sind. Mit einer solchen Karte können Sie die Wasserbusse beliebig oft benutzen.

Wassertaxis

Das **Consorzio Motoscafi Venezia** *(Tel. 041/522 2303, motoscafivenezia.it)* betreibt einen Wassertaxiservice. Der Transport von fünf Personen und fünf Gepäckstücken vom Flughafen zum Hotel kostet 100 €, jede weitere Person 10 €. Wassertaxis können Sie online buchen oder bitten Sie Ihr Hotel, dies für Sie zu tun.

Gondeln

Die romantischste Transportart ist die Gondel. Die Gondelstationen befinden sich im **Bacino Orseolo** *(siehe S. 60)* und am Canal Grande im **Rialto-Viertel**. Auch bei Brücken nahe den meisten großen *campi* (Plätzen) liegen in der Regel Gondeln abfahrtbereit. Eine halbstündige Gondelfahrt für max. sechs Personen kostet 80 €, eine 35-minütige Nachtfahrt 100 €.

Zu Fuß durch die Stadt

Venedig ist zwar sehr klein, aber wer sich verläuft, kann stundenlang mit Suchen zubringen. Dennoch hat es einen gewissen Reiz, gerade das Labyrinth von kleinen Nebengassen und Brücken zu erkunden. Probieren Sie es einfach aus – oft stößt man urplötzlich auf reizende kleine Plätze ...

Wenn Sie schnell irgendwo sein möchten, aber wenig Zeit haben, ist ein guter Stadtplan Gold wert – allerdings nicht nur dann. Fragen Sie einfach bei der Rezeption ihres Hotels nach – die meisten Hotels stellen ihren Gästen kostenlos einen Stadtplan zur Verfügung.

In einem gemütlichen Tempo braucht man zu Fuß etwas mehr als eine Stunde, um von der einen Seite Venedigs zur anderen zu gelangen. Allerorts gibt es Wegweiser zu den wichtigsten Punkten der Stadt wie etwa Hauptbahnhof, Markusplatz, Rialtobrücke oder Piazzale Roma, welche die Orientierung erleichtern.

PRAKTISCHE TIPPS

Feiertage

An Feiertagen, ausgenommen den 1. Jan. und den 25. Dez., sind sämtliche Museen in Venedig geöffnet. Hier die wichtigsten Feiertage:

- **1. Januar** (Neujahr)
- **6. Januar** (Dreikönigsfest)
- **Ostermontag**
- **25. April** (Tag der Befreiung; Markusfest)
- **1. Mai** (Tag der Arbeit)
- **2. Juni** (Tag der Republik)
- **15. August** (Mariä Himmelfahrt)
- **1. November** (Allerheiligen)
- **8. Dezember** (Mariä Empfängnis)
- **25. Dezember** (1. Weihnachtsfeiertag)
- **26. Dezember** (2. Weihnachtsfeiertag; San Stefano)

Geld

Venedig liegt in der Eurozone und deshalb ist der Euro die einzig gültige Währung. Die meisten Geschäfte, Bars und Restaurants akzeptieren auch EC- und Kreditkarten und überall in der Stadt befinden sich Geldautomaten.

Die meisten Banken befinden sich entlang der Westseite des Markusplatzes. Ihre Öffnungszeiten sind: Mo–Fr, 8.30–13.30 sowie 14.30–15.30.

Öffnungszeiten

Die Öffnungszeiten in Venedig können variieren, aber grob sind die Kernzeiten: Montag bis Freitag von 9 bis 19 Uhr. Manche Geschäfte öffnen um 8 Uhr, während andere bereits um 18.30 Uhr schließen. Große Kaufhäuser, Ketten sowie Handy- und Souvenirläden haben meist den ganzen Tag geöffnet, während kleinere Geschäfte und Apotheker von 12.30–15.30 zu machen.

Post

Venedig verfügt über acht Postämter. Ihre Öffnungszeiten variieren, geöffnet haben alle jedoch ab 8.20 Uhr. Die kleineren schließen oft um 13.35, während die großen bis 19.05 geöffnet bleiben. Die Standorte der drei Hauptpostämter:

- **San Marco** *(Calle Larga de l'Ascension 1241, Tel. 041/244 6711)*
- **Rialto** *(Calle de le Acque 5016, Tel. 041/240 4149)*
- **Piazzale Roma** *(Fondamenta Santa Chiara, Santa Croce 511, Tel. 041/244 6811)*

Gottesdienste

Jedes Viertel Venedigs hat seine eigene (katholische) Kirche, zur nächsten ist es nie weit. In einigen finden nach wie vor Messen statt, aber die meisten erfüllen nur noch touristische Zwecke. Die Messezeiten sind unterschiedlich und an den Eingangstüren angeschlagen.

Venedig hat auch eine sehr aktive jüdische Gemeinde, die in Cannaregio zu Hause ist. Hier befinden sich auch die fünf größten Synagogen der Stadt. Informationen über Gottesdienste und wöchentliche Versammlungen finden Sie unter *jewishvenice.org*.

Museumspässe

Seit einigen Jahren hat Venedig einen All-in-one-Citypass, **Venezia Unica** *(veneziaunica.it)* genannt. Der Pass ist online bestellbar und lässt sich den eigenen Bedürfnissen anpassen. Das Schönste an diesem Pass ist die Tatsache, dass man diverse Dienstleistungen hinzubuchen kann, wie etwas Verkehrsmittel, WLAN, Toilettenbenutzung usw. Der Pass inkl. aller Optionen und Transport von und zum Flughafen kostet 136,90 €.

Wer nur die wichtigsten Museen der Stadt besuchen will, ist mit dem **Museum Pass** *(24 €, venice-museum.com)* gut bedient. Angeschlossen sind folgende Museen und Häuser: **Dogenpalast** (Palazzo Ducale, siehe S. 66–67); **Museo Correr** (siehe S. 60); **Museo Archeologico Nazionale** (Archäologisches Museum; *Piazzetta San Marco 17, Tel. 041/522 5978, archeoveneto.it*); **Biblioteca Nazionale Marciana** (Markusbibliothek, siehe S. 60); **Ca' Rezzonico** (siehe S. 138); **Palazzo Mocenigo** (siehe S. 117); **Haus von Carlo Goldoni** *(San Polo 2794, Tel. 041/275 9325, geschl. Mi, carlogoldoni.visitmuve.it)*; **Ca' Pesaro** (siehe S. 116–117); **Museo del Vetro** (Glasmuseum Murano, siehe S. 154–155); **Museo del Merletto** (Spitzenmuseum Burano, siehe S. 161) sowie **Fondaco dei Turchi** (Naturhistorisches Museum, siehe S. 49).

Die meisten Kirchen der Stadt erheben eine Eintrittsgebühr von 3 €. Mit dem **Chorus Pass** *(Tel. 041/275 0462, chorusvenezia.org)* hat man jedoch freien Eintritt zu den 18 angeschlossenen Kirchen. Erwerben können Sie den Pass online vor Ihrer Venedig-Reise oder bei einem der folgenden Verkaufsstellen: Chiesa di Santa Maria del Giglio, Chiesa di Santo Stefano, Chiesa di Santa Maria Formosa, Chiesa di Santa Maria dei Miracoli, Chiesa di San Giovanni, Elemosinario, **Chiesa di San Polo** (siehe S. 119), **Basilica di Santa Maria Gloriosa dei Frari** (siehe S. 120–121), **Chiesa di San Giacomo dall'Orio** (siehe S. 118), Chiesa di San Stae, Chiesa di Sant'Alvise, Basilica di San Pietro di Castello, **Chiesa del Santissimo Redentore** (siehe S. 135), **Chiesa di Santa Maria del Rosario** (I Gesuati; siehe S. 137), Chiesa di San Sebastiano, Chiesa di San Giobbe, Chiesa di San Giuseppe di Castello, Chiesa di San Vidal sowie Chiesa di San Giacomo di Rialto.

Öffentliche Toiletten

In Sachen öffentlicher Toiletten hat Venedig noch erheblichen Nachholbedarf. In den meisten Bars und Restaurants wird die Benutzung der Toilette nur gestattet, wenn man vorher etwas konsumiert. Öffentliche Toiletten gibt es insgesamt elf in der Stadt, jedoch mit unterschiedlichen Öffnungszeiten: am **Hauptbahnhof** 6–23 Uhr; **Rialto** 7–19 Uhr, **San Marco** 9–20 Uhr. Kosten: 0,80 €

Sicherheit

Venedig ist eine sehr sichere Stadt, sogar abends und nachts. Taschendiebe sind vor allem tagsüber und in der Nähe der wichtigsten Sehenswürdigkeiten aktiv, also passen Sie dort, aber auch an Bord eines Vaporettos, am Markusplatz und nahe der Rialtobrücke gut auf Ihre Sachen auf. Touristen, vor allem im Pulk, sind in der Regel mit anderen Dingen beschäftigt und somit eine leichte Beute.

In den letzten Jahren haben die Wohnungseinbrüche zugenommen, vor allem im Sommer in Wohnungen im Erdgeschoss und ersten Stock. Haben Sie eine solche Wohnung gemietet, schließen Sie am besten alle Fenster und Fensterläden, bevor Sie die Tür hinter sich zuziehen oder schlafen gehen.

Telefonieren

Heutzutage haben die meisten Menschen ein Handy. Wer einen längeren Italien-Aufenthalt plant, für den lohnt sich die Anschaffung einer italienischen SIM-Card für die Zeit des Aufenthalts.

Für den Kauf benötigen Sie einen Identitätsnachweis. Die wichtigsten Provider sind **TIM**, **Vodafone** und **Wind**. Es gibt nach wie vor überall in der Stadt Telefonzellen, in denen man mit Münzen oder Telefonkarte (erhältlich bei den Tabakläden – *tabaccaio, tabacchi, tabaccheria*) bezahlt.

Zeitunterschied

In Italien gilt die Mitteleuropäische Zeit (MEZ) und von März bis Oktober die Sommerzeit.

Trinkgeld

Da Restaurants immer eine Servicegebühr berechnen, ist es nicht üblich, Trinkgeld zu geben. Wer mit der Bedienung sehr zufrieden ist, kann selbstverständlich Trinkgeld hinterlassen.

Reisende mit Mobilitätseinschränkungen

Venedig hat zwar Fortschritte in puncto Behindertenfreundlichkeit gemacht, bleibt aber ein schwieriges Pflaster für Rollstuhlfahrer. Die meisten Brücken im Zentrum verfügen nicht über eine Rampe, ausgenommen rund um Zattere und zwischen San Marco und Sant'Elena. Rollstuhlfahrern wird daher empfohlen, sich in Venedig per Vaporetti fortzubewegen. So sind etwa 70 % der Stadt erreichbar. Das ACTV-Personal ist es gewohnt, Passagieren mit Mobilitätseinschränkungen beim Ein- und Aussteigen zu helfen. Einen detaillierten Plan finden Sie auf *comune.venezia.it*.

Touristenbüros

In und rund um Venedig gibt es insgesamt sieben **Touristenbüros** (*Tel. 041/529 8711, turismo venezia.it*). Die Standorte der wichtigsten sind:

- **San Marco Airport** *(Aeroporto Marco Polo, 30030)*
- **San Marco** *(71/f, San Marco)*
- **Piazzale Roma** *(Piazzale Roma Garage ASM)*
- **Venezia Santa Lucia Station** *(Stazione Ferroviaria Santa Lucia)*

NOTFÄLLE

Konsulate

- **Deutsches Konsulat** *(Palazzo Condulmer, Santa Croce 251, Tel. 041/523 7675)*
- **Konsulat von Österreich** *(Palazzo Condulmer, Santa Croce 251, Tel. 041/524 0556)*
- **Schweizerisches Konsulat** *(Campo S. Agnese, Dorsoduro, Tel. 041/522 5996)*

Notfall-Nummern

- **Polizei** *112*
- **Feuerwehr** *115*
- **Rettungswagen** *118*

Ambulanzen

Im medizinischen Bereich ist die Stadt sehr gut aufgestellt. Notfallambulanzen gibt es am **Markusplatz** *(Piazza San Marco 63/65, Procuratie Nuove)* und am **Piazzale Roma** *(Santa Croce 496, Piazzale Roma)*. Weitere Informationen finden Sie auf der Webseite *healthvenice.com*. Für ärztliche Hilfe außerhalb der Sprechzeiten gibt es folgende Rufnummern:

- **Centro Storico Venezia** (historisches Zentrum, *Tel. 041/529 4060*)
- **Mestre Sud, Marghera** und **Mestre Nord** *(Tel. 041/965 7999)*.

Die Apotheken sind montags bis freitags von 8.30–12.30 und von 15.30–19.30 sowie samstags von 8.30–12.30 geöffnet. An Sonntagen haben Notdienstapotheken geöffnet. Informationen hierzu finden Sie auf der Webseite *farmacistivenezia.it*.

Rufen Sie in Notfällen oder nach einem Sturz ins Wasser den Rettungswagen *(118)*. Das Krankenhaus Venedigs befindet sich in Castello: **Ospedale Santi Giovanni e Paolo** *(Fondamenta Nuove, Castello 6777, Tel. 041/529 4111)*.

Fundsachen

Das Fundbüro der Stadt, **Ufficio Oggetti Rinvenuti** *(San Marco 4136, Tel. 041/274 8225)*, befindet sich im Rialto-Viertel an der San-Marco-Seite des Canal Grande. Weitere Anlaufstellen:

- **Büro der Verkehrspolizei** *(Piazzale Roma, Tel. 041/522 4576/ 270 8225)*
- **Fundbüro des Vaporetto-Betreibers ACTV** *(Cannaregio 3935, Tel. 041/272 2179)*
- **Fundbüro des Bus-Betreibers ACTV** *(Galleria Teatro Vecchio, Tel. 041/272 2838)*
- **Fundbüro des Flughafens** *(Tel. 041/260 9222/260 6436)*
- **Fundbüro am Hauptbahnhof** *(Stazione Ferroviaria Santa Lucia, Tel. 041/785 531)*

HOTELS

Venedig ist gänzlich auf den Tourismus eingestellt, Unterkünfte gibt es in jeder Preiskategorie. Wer hohe Ansprüche stellt, findet alles – von opulent eingerichteten Luxushotels in Palazzi aus dem 18. Jahrhundert bis hin zu kleineren, moderneren, aber gleichermaßen komfortablen Hotels. Dank airbnb stehen heute auch Tausende Apartments und Wohnungen zur Verfügung, die einen etwas flexibleren und günstigeren Aufenthalt ermöglichen.

Venedig verfügt über Hunderte von Hotels und daher sollte man erst alle Optionen anhand der persönlichen Interessen und Bedürfnisse durchgehen, bevor man sich für eins entscheidet. Überlegen Sie auch, zu welcher Jahreszeit Sie Venedig besuchen wollen, denn manchmal – etwa während des Karnevals oder der Biennale – sind die Hotelzimmer deutlich teurer. Wer Aufschläge und Überraschungen vermeiden will, sollte daher möglichst frühzeitig buchen.

Bevor Sie dies tun, sollten Sie sich die Hoteladresse gut ansehen. Manche Hotels werben damit, in Venedig ansässig zu sein, während sie in Wahrheit in Mestre liegen (erkennbar an dem Wörtchen »via«). Auch wenn die Zimmerpreise dort niedriger sind und die Busverbindung mit Venedig gut ist, wäre es schade, einem solchen Irrtum aufgesessen zu sein.

Wem das autofreie Venedig vielleicht zu still ist, der sollte wissen, dass dies oft nicht für Zimmer mit Kanalblick gilt. Denn vor allem morgens fahren oft Lieferkähne, Müllboote und Schiffe der Stadtwerke vorbei. Dies gilt auch für Zimmer an Plätzen, an denen bis spätabends Bar- und Restaurantgäste draußen sitzen. Mit Ausnahme der Lokale am Campo Santa Margherita, wo manche Bars bis 3 Uhr geöffnet haben, schließen Gastronomiebetriebe in Venedig um 23.30 bzw. 24 Uhr.

In den Hotelzimmerpreisen sind ein kontinentales Frühstück, WLAN sowie Steuern und Gebühren inbegriffen. Bei der Unterkunftsuche empfiehlt es sich, erst einen Blick ins Internet zu werfen, denn dort gibt es oft Angebote. Für den, der länger als eine Woche bleibt, könnte eine Ferienwohnung eine gute Alternative sein. Mit der Vermietung von Ferienwohnungen wird viel Geld verdient, daher wundert es nicht, dass sie oftmals von Reisebüros abgewickelt wird. Wer einen weitaus längeren Aufenthalt im Sommer plant, der sollte die Insel Lido mit den vielen Stränden und dem Nachtleben in Erwägung ziehen. Mit dem Boot sind es nur wenige Minuten zum Stadtzentrum.

Reihenfolge

Die auf den folgenden Seiten aufgeführten Hotels sind nach Stadtteil geordnet – von San Marco bis zu den Inseln. Innerhalb eines Stadtteils sind die Häuser alphabetisch und nach Zimmerpreisen gelistet, die teuersten zuerst.

Preiskategorien

Die Preise beziehen sich auf ein Doppelzimmer in der Hauptsaison.

€€€€€	über 300 €
€€€€	180–300 €
€€€	80–180 €
€€	50–80 €
€	unter 50 €

Symbole

Anzahl der Gästezimmer
Vaporetto *Aufzug*
Klimaanlage *WLAN*
Nichtraucher *Außenpool*
Fitnessstudio/Spa
Kreditkarte

SAN MARCO

Kein anderer Stadtteil weist eine höhere Konzentration an Luxushotels und -unterkünften auf als San Marco. Außerdem befinden sich hier neben teuren Restaurants und Modeboutiquen auch zahlreiche Hauptsehenswürdigkeiten beheimatet, wie der **Dogenpalast** (Palazzo Ducale, siehe S. 66–67), der **Markusdom** (Basilica di San Marco, siehe S. 64–65) und der prachtvolle **Markusplatz** (Piazza San Marco, siehe S. 58–59). Wer sich in San Marco einquartieren möchte, sollte bedenken, dass hier oft extrem viel los ist, vor allem im Sommer. Wenn einen dies nicht stört und man sowieso am liebsten mittendrin ist, dann gibt es kein besseres Viertel als San Marco.

■ Baglioni Hotel Luna

€€€€€
SAN MARCO 1243
TEL. 041/528 9840
baglionihotels.com

Das Baglioni Hotel Luna, eines der vielen Fünfsternehotels in San Marco, liegt rechts neben dem Markusplatz. Ausgestattet ist das Haus mit wundervollen venezianischen Möbeln und einer Dachterrasse und sein Ruf in puncto Service und Wohlfühlfaktor ist überdies ausgezeichnet.

68 plus 36 Suiten
San Marco
Alle gängigen Kreditkarten

■ Corte di Gabriela

€€€€€
CALLE DEGLI AVVOCATI 3836
TEL. 041/523 5077
cortedigabriela.com

Gäste dieses zentral, aber ruhig gelegenen Luxushotels erwarten schicke, moderne Zimmer, freundliches Personal, ein erstklassiges Frühstück und ein einladender Garten. Anspruch des Hotels ist es, (nur) Paaren Romantik pur zu bieten. Kinder unter 16 sind deshalb nicht willkommen. Es sei denn, man hat eine der Suiten gebucht, die in einem separaten, nur drei Gehminuten vom Haupthaus entfernten Gebäude liegen. Ausgelegt sind die Suiten für höchstens vier Personen.

10 plus 2 Suiten *Sant'Angelo*
Alle gängigen Kreditkarten

■ NH Collection Palazzo Barocci

€€€€€
CORTE DELL'ALBERO 3878/A, 30124
TEL. 041/296 0650
nh-collection.com

Dieses gemütliche Hotel in einem 1890 erbauten Palazzo war einst ein Theater, in dem Vivaldi Operetten aufführte. Von den modern eingerichteten Zimmern liegen einige direkt am Canal Grande, während in den Junior Suiten die Badewanne in der Mitte des Schlafzimmers platziert ist. Zu den Highlights des Hotels zählt auch der englische Garten inklusive Springbrunnen – der ideale Ort zum Entspannen.

59 inkl. einiger Suiten
Sant'Angelo
Alle gängigen Kreditkarten

■ Palazzina G

€€€€€
RAMO GRASSI 3247
TEL. 041/528 4644
palazzinag.com

Das Hotel Palazzina G brüstet sich mit sechs verschiedenen modernen Zimmer- und Suitetypen, einige mit Canal-Grande-Blick, aber alle in Fünfsternequalität und von Philippe Starck eingerichtet. Gesteigert wird das exklusive Aufenthaltserlebnis noch durch die Bar und das Restaurant des Hauses, die beide fabelhaft sind.

22 *San Samuele*
Alle gängigen Kreditkarten

■ The Bauer Venezia

€€€€€
SAN MARCO 1459
TEL. 041/520 7022
bauervenezia.com

Das Hotel nahe dem Markusplatz und diversen Vaporetto-Anlegern ist über vier herrliche Palazzi verteilt und die perfekte Basis für einen Venedig-Besuch. Die im Stil des 15. Jahrhunderts eingerichteten Zimmer sind exquisit, charmant und ausgesprochen luxuriös. Wer es gerne etwas privater hat und einen längeren Aufenthalt plant, dem sei die Casa Nova mit ihren gut ausgestatteten Apartments empfohlen.

107 plus 31 Suiten
San Marco
Alle gängigen Kreditkarten

■ The Gritti Palace

€€€€€
CAMPO SANTA MARIA DEL GIGLIO 2467
TEL. 041/794 611
thegrittipalace.com

Das ehemalige Wohnhaus einer der einflussreichsten Kaufmannsfamilien Venedigs beherbergt heute The Gritti Palace, ein Hotel mit großen, im venezianischen Stil eingerichteten Zimmern – genauso wie man es von einem Haus dieser Art erwarten würde. Die Terrasse des Hotels, in dem Ernest Hemingway am liebsten verweilte, bietet einen traumhaften Blick auf die Salute-Kirche und den Canal Grande.

82 plus 21 Suiten
Santa Maria del Giglio
Alle gängigen Kreditkarten

■ Hotel Flora
€€€
SAN MARCO 2283A
TEL. 041/520 5844
hotelflora.it
Das etwas abgeschieden am Ende einer schmalen Gasse gelegene Flora ist ein sehr charmantes Hotel mit einer einladenden Teestube, einem Fitnessstudio, das auch Shiatsu-Massage anbietet, und einem unwiderstehlichen Garten, vor allem im Sommer.
40 Giglio
Alle gängigen Kreditkarten

■ Residence Corte Grimani
€€€
CORTE 4402, CALLE GRIMANI
TEL. 041/241 0719
cortegrimani.com
Dieses zentral gelegene Haus befindet sich in einem Palazzo aus dem 17. Jahrhundert und besticht durch sehr geschmackvoll eingerichtete Apartments – jedes nach einem venezianischen Maler benannt. Die Apartments sind sauber, geräumig und mit Waschmaschine, Kühlschrank und Tresor ausgestattet und somit ideal für Familien und Gruppen. Die Rezeptionsmitarbeiter sind sehr hilfsbereit und Gäste fühlen sich hier sehr wohl.
15 Apartments
Rialto
Alle gängigen Kreditkarten

CASTELLO

Castello liegt unweit von San Marco und somit auch nahe den Hauptsehenswürdigkeiten und Touristenströmen dort. Zu den Highlights Castellos zählt die **Scuola Grande di San Marco** (siehe S. 78–79). Wer ein Zimmer mit Lagunenblick sucht, dem sei eines der am Wasser gelegenen Hotels in San Zaccaria empfohlen.

■ Aqua Palace
€€€€€
CALLE DELLA MALVASIA 5492
TEL. 041/296 0442
aquapalace.it
Dieses Juwel ist ein Hotel mit geräumigen, luxuriös eingerichteten Zimmern in einem Stil, der dem des 15. Jahrhunderts nachempfunden wurde – mit antiken Holzmöbeln und zahlreichen Artefakten aus Fernost. Im Frühstück sind neben den gängigen Zutaten auch warme Speisen enthalten. Das Hotelpersonal ist hilfsbereit und kompetent.
9 plus 6 Suiten & 9 Junior Suiten
Rialto
Visa, MasterCard, American Express

■ Hotel Londra Palace
€€€€€
RIVA DEGLI SCHIAVONI 4171
TEL. 041/520 0533
londrapalace.com
Einige Zimmer dieses am Wasser der Lagune gelegenen Viersternepalastes bieten eine fantastische Aussicht – es lohnt sich, das hilfsbereite Personal nach einem Zimmer mit Balkon zu fragen. Das Hotel ist sehr geschmackvoll mit Jugendstilmöbeln, kostbaren Vorhängen und schönen Gegenständen eingerichtet und dekoriert, die Suiten verfügen über Badezimmer mit viel Marmor.
53 San Zaccaria
Alle gängigen Kreditkarten

■ Hotel Sant'Antonin
€€€€€
FONDAMENTA FURLANI 3299
TEL. 041/523 1621
hotelsantantonin.com
Gäste dieses tollen Boutique-Hotels erwartet neben einer stilvollen Einrichtung und modernen Badezimmern auch ein gutes Frühstücksangebot und ein grandioser Garten, der zu jeder Tageszeit zum Verweilen einlädt. Das Hotel verfügt über zwei Suiten mit zwei Balkonen – einer mit Gartenblick und einer mit Blick auf den Canal Grande.
13 inkl. 2 Junior Suiten
San Zaccaria
Alle gängigen Kreditkarten

■ Ca' dei Dogi
€€€€
CORTE SANTA SCOLASTICA 4242
TEL. 041/241 3751
cadeidogi.it
Das kleine, neben der Seufzerbrücke gelegene Palazzo-Hotel verfügt nicht nur über sechs moderne und gepflegte Zimmer sowie drei verschiedene Apartments, sondern auch über sehr hilfsbereites und kompetentes Personal.
6 plus 3 Apartments
San Zaccaria
Alle gängigen Kreditkarten

■ Liassidi Palace
€€€€
PONTE DEI GRECI 3405
TEL. 041/520 5658
liassidipalacehotel.com

Das Vier-Sterne-Boutique-Hotel befindet sich in einem gotischen Palazzo in einer für Castello ungewöhnlich ruhigen Lage – nahe der Ponte dei Greci, an einem weniger bekannten Kanal. Die Zimmer sind vergleichsweise schlicht und nicht so extravagant wie andernorts, aber nicht weniger reizvoll. Das Personal ist freundlich und das Hotel gepflegt und gemütlich.
26 San Zaccaria
Alle gängigen Kreditkarten

■ Casa Nicolò Priuli
€€€
CASTELLO 4986
TEL. 041/296 0639
casanicolopriuli.com
Das ruhige, an einem weniger bekannten Kanal gelegene Hotel unweit der Chiesa di San Zaccaria wartet mit Zimmern im Stil des späten 19. Jahrhunderts auf – manche mit eigener Terrasse und Aussicht auf den Canal Grande. Im Sommer wird das köstliche Frühstück in einem schattigen Innenhof serviert.
15 San Zaccaria
Visa, MasterCard, American Express

■ Palazzo Vitturi
€€€
CAMPO SANTA MARIA FORMOSA 5246
TEL. 041/241 0856
palazzovitturi.com
Das imposante Dreisternehotel hat große, bezahlbare Zimmer mit den für Venedig typischen hohen Decken. Einige der Zimmer dieses einst im byzantinischen und gotischen Stil erbauten Palastes verfügen über Originalstuckarbeiten und prachtvolle Decken. Wer das »Deluxe Double« bucht, dem wird das Frühstück kostenlos im Zimmer oder auf der nahen Terrasse serviert.
16 inkl. 1 Suite & 3 Junior Suiten
San Zaccaria, Rialto
Alle gängigen Kreditkarten

CANNAREGIO

Wer gerne etwas abseits des Trubels wohnt, findet in Cannaregio eine der besten Optionen. Hier lebt man unweit des einstigen jüdischen **Ghettos** (siehe S. 102–103) und der quirligen **Fondamenta della Misericordia** (siehe S. 96–97) und Fondamenta degli Ormesini, an denen sich flippige Bars und angesagte Restaurants befinden, in denen man abends voll auf seine Kosten kommt. Cannaregio hat noch einen weiteren Vorteil: die Lage nahe dem Hauptbahnhof und dem Piazzale Roma.

■ Al Ponte Antico
€€€€€
CALLE DELL'ASEO 5768
TEL. 041/241 1944
alponteantico.com
Das wunderbare Al Ponte Antico ist ein kleines, intimes Hotel. Die sieben Zimmer sind gut ausgestattet und geräumig und im Louis-quinze-Stil eingerichtet – mit dazu passenden Tapeten. Zu den weiteren Vorzügen des Hotels gehört die Terrasse mit Aussicht auf den Canal Grande und das Rialto-Viertel. Kurz: Hier wohnt man wie Gott in Frankreich.
7 Rialto
Visa, Mastercard, American Express

■ Palazzo Abadessa
€€€€
CALLE PRIULI 4011
TEL. 041/241 3784
abadessa.com
Dieses charmante Hotel in dem einstigen Botschaftsgebäude ist trotz der zentralen Lage so ruhig wie der prachtvolle hauseigene Garten – der ideale Ort, um einen Prosecco zu trinken und zu entspannen. Die sehr eleganten Zimmer sind alle im Stil verschiedener Epochen eingerichtet und mit Lüstern aus Muranoglas, alten Möbeln und Gemälden ausgestattet.
15 Ca' d'Oro
Visa, MasterCard, American Express

■ Hotel Antico Doge
€€€
CANNAREGIO 5643
TEL. 041/241 1570
anticodoge.com
Das entzückende Hotel Antico Doge weist den venezianischen Charme der luxuriöseren Hotels der Stadt auf, jedoch nicht deren Preise. Die Zimmer variieren in der Größe und sind klassisch venezianisch eingerichtet. Die Lage am Campo dei Santi Apostoli ist zwar erstklassig, aber weniger geeignet für Menschen, die abendliche Ruhe schätzen.
20 Ca' d'Oro, Rialto
Alle gängigen Kreditkarten

■ **Hotel Arcadia**

€€€

RIO TERÀ S. LEONARDO 1333
TEL. 041/717 355
hotelarcadia.net

Trotz der etwas klassischen Einrichtung mit Vorhängen und Tapeten im venezianischen Stil wirken die geräumigen Zimmer dieses hübschen Boutique-Hotels eher zeitgemäß und modern. Wer mit der Bahn reist, hat es nicht weit vom und zum Hauptbahnhof. Man sollte nur bedenken, dass das Hotel an einer viel frequentierten Straße liegt, von der vor allem morgens und abends Lärm ausgeht.

17 San Marcuola-Casinò

Alle gängigen Kreditkarten

■ **Villa Rosa**

€€€

CALLE DE LA MISERICORDIA 389
TEL. 041/716 569
villarosahotel.com

Die Villa Rosa ist ein tolles, am Piazzale Roma und Calatravas ultramodernem Ponte della Costituzione (siehe S. 96) gelegenes Hotel mit moderaten Zimmerpreisen. Die gemütlichen Zimmer sind teils in venezianischem Stil eingerichtet – und das Personal ist sehr hilfsbereit.

33 Ferrovia

Alle gängigen Kreditkarten

SAN POLO

San Polo ist einer der ältesten *sestieri* Venedigs und darüber hinaus der geografische Mittelpunkt der Stadt. Ein Hotel in diesem Stadtviertel ist geradezu ideal, wenn man die Hauptsehenswürdigkeiten wie den **Rialtomarkt** (Mercato di Rialto, siehe S. 114–115), die **Scuola Grande di San Rocco** (siehe S. 122–125) oder die **Frari-Kirche** (siehe S. 120–121) sehen will. Neben interessanten Geschäften wartet San Polo mit guten Restaurants und pulsierendem Nachtleben auf. Kurz: ein ideales Viertel für kostenbewusste Reisende oder Venedig-Erstbesucher.

■ **Aman Venice**

€€€€€

CALLE TIEPOLO 1364
TEL. 041/270 7333
aman.com

Das Aman Venice, in dem George Clooney seine Hochzeitsnacht verbrachte, zählt zu den teuersten und elegantesten dieses Stadtteils. Das erst 2013 eröffnete Haus befindet sich in einem Palazzo aus dem 16. Jahrhundert und hat 24 völlig unterschiedlich eingerichtete Zimmer, traumhafte *Signature Suites*, zwei Gärten und einige Boote. Die grandiose Fassade zum Canal Grande hin wurde ursprünglich von Paolo Veronese gestaltet.

24 San Silvestro

Visa, MasterCard, American Express

■ **Hotel L'Orologio Venezia**

€€€€

RIVA DE L'OGIO 1777
TEL. 041/272 5800
hotelorologiovenezia.com

Dieses Hotel, das von einstigen Gästen wärmstens empfohlen wird, ist in einem Palazzo direkt am Canal Grande, nur fünf Gehminuten von der Rialtobrücke entfernt, gelegen. Das Haus hat sich der Uhrmacherei verschrieben, wie es die zahlreichen dekorativen Gegenstände und Ornamente zeigen. Die Zimmer sind modern eingerichtet, geräumig und gepflegt. Alle Zimmer sind schallgedämmt und somit sehr ruhig. Das Haus verfügt über ein Bistro mit Terrasse, die zum Entspannen einlädt.

43 plus 2 Apartments und 6 Zimmer im Gebäude nebenan
Rialto Mercato

Alle gängigen Kreditkarten

■ **Antica Locanda Sturion**

€€€

CALLE DEL STURION 679
TEL. 041/523 6243
locandasturion.com

Wer das Gemälde *Das Kreuzeswunder auf der Brücke von San Lorenzo* von Gentile Bellini aus dem 15. Jahrhundert betrachtet, sieht, dass dieses Hotel bereits damals in Betrieb war. Heute zählt das Dreisternehotel Sturion zu den ältesten aktiven Gastbetrieben Venedigs. Es befindet sich in der obersten Etage eines Palazzo direkt am Wasser, die herrlich eingerichteten Zimmer bieten einen großartigen Blick auf die Rialtobrücke.

11 San Silvestro

Alle gängigen Kreditkarten

■ **Pensione Guerrato**

€€€

CALLE DRIO LA SCIMIA 240/A
TEL. 041/528 5927
hotelguerrato.com

Wer eine Unterkunft in einem Viertel mit pulsierendem Nachtleben sucht, für den ist diese Pension neben der Rialtobrücke die richtige Wahl. Denn hier gibt es diverse Bars, die bis spätabends geöffnet haben. Das moderne, gemütliche Haus ist auch eine gute Alternative für kostenbewusste Reisende.
20 plus 3 Apartments
Rialto Mercato
Visa, MasterCard (Buchung und Bezahlung), American Express

■ Rialto 1082 B&B
€€–€€€
SAN POLO 1082
TEL. 041/241 0164
rialto1082.com
Dieses erstklassige kleine B&B im Herzen des Rialto-Viertels liegt praktischerweise direkt neben dem Vaporetto-Anleger San Silvestro. Der Aufenthalt hier ist ein sehr besonderes Erlebnis. Der Inhaber ist warmherzig und gastfreundlich, die schallgedämmten Zimmer sind sauber und gemütlich und das Frühstück legendär. Kurz: tolles Preis-Lage-Verhältnis.
3 *San Silvestro*
Visa, MasterCard, American Express

SANTA CROCE

Santa Croce liegt nahe dem Piazzale Roma und ist somit ideal für diejenigen, die mit Bus oder Auto anreisen. Der Transport zu den Hotels, von denen einige Zimmer mit Canal-Grande-Blick anbieten, aber ohne den obligatorischen Trubel, der in den Hauptstadtteilen herrscht, ist unkompliziert. Wer das Venedig ohne den Tourismus kennenlernen will, sollte sich in einem der Hotels in den Seitenstraßen einquartieren. Sehenswerte Kirchen und Museen, wie etwa die **Ca' Pesaro** (das Internationale Museum für moderne Kunst, siehe S. 116–117, den **Palazzo Mocenigo** (siehe S. 117) oder den **Fondaco dei Turchi** (Naturhistorisches Museum, siehe S. 49), hat Santa Croce ebenfalls.

■ Ca' Nigra Lagoon Resort
€€€€
SANTA CROCE 927, CALLE DE L'OGIO
TEL. 041/275 0047
hotelcanigra.com
Dieses kleine, aber fantastische Boutique-Hotel hat einige große Zimmer und Suiten und ist trotz seiner Lage unweit des Hauptbahnhofs sehr ruhig und per Boot gut erreichbar. Der einstige Palazzo ist im Stil des 18. Jahrhunderts inklusive antiker Möbel eingerichtet. Diverse architektonische Elemente entstammen noch dem ursprünglichen Bau. Einige Zimmer bieten einen herrlichen Blick auf einen der schönsten Parks der Stadt.
22 *Celestia*
Alle gängigen Kreditkarten

■ San Cassiano
€€€€
CALLE DEL ROSA 2232
TEL. 041/524 1768
sancassiano.it
Das einstige Wohnhaus von Giacomo Favretto, einem der größten Maler Venedigs des 19. Jahrhunderts, liegt am Canal Grande und beherbergt ein Juwel. Wer sich in den öffentlichen Räumen und auf dem Balkon im ersten Stock dieses exquisiten, kleinen roten Palastes nahe dem Rialtomarkt aufhält, fühlt sich wie ein Botschafter, der zu Besuch kommt. Die 36 Zimmer sind klein, aber ausreichend groß und prachtvoll in echt venezianischem Stil eingerichtet – mit viel Rot und Gold. Der Service ist erstklassig.
36 plus 6 Suiten
San Stae
Alle gängigen Kreditkarten

■ Hotel Al Sole
€€€
SANTA CROCE 134–136
TEL. 041/244 0328
alsolehotels.com
Dieses entzückende Hotel in der Ca' Marcello, ein prächtiges Haus aus dem 16. Jahrhundert, besticht durch eine herrliche Fassade, ein schönes Foyer und einen schönen Garten. Trotz der Modernisierung sind in einigen Zimmern historische Elemente erhalten geblieben. Das Hotel befindet sich nahe dem Piazzale Roma und dem Campo Santa Margherita.
51 *Piazzale Roma*
Alle gängigen Kreditkarten

■ Hotel Palazzo Giovanelli
€€€
CAMPO SAN STAE 2070
TEL. 041/525 6040
hotelpalazzogiovanelli.com
Die eine Seite dieses prachtvollen kleinen Hotels ist dem Canal Grande zugewandt, die

andere der Chiesa di San Stae. Und obwohl die Hauptsehenswürdigkeiten Venedigs wie die Ca' Pesaro nur einen Katzensprung entfernt sind, ist das Einzige, das man in diesem modernisierten Palazzo hört, das Glockengeläut der Kirche und die Motorboote unter dem eigenen Zimmerfenster. Über eine Tür direkt am Wasser gelangt man übrigens mit dem hauseigenen Boot oder der Hausgondel ins Hotel.
41 San Stae
Alle gängigen Kreditkarten

DORSODURO

Für Kunstinteressierte ist dieser Stadtteil *the place to be*. Denn in Dorsoduro mit seinen verwinkelten Gassen gibt es neben der **Collezione Peggy Guggenheim** (siehe S. 135) und der **Gallerie dell'Accademia** (siehe S. 140– 143) auch zahlreiche kleine Kunstgalerien. Übrigens ist auch der **Campo Santa Margherita** (siehe S. 139) nicht weit entfernt – der Ort, an dem sich Venedigs Nachtleben abspielt und die Bars bis weit in die Nacht geöffnet haben.

■ Centurion Palace
€€€€€
DORSODURO 173
TEL. 041/34281
centurionpalacevenezia.com
Dieses Hotel mit der gotischen Fassade verströmt die Atmosphäre Venedigs von anno dazumal – zumindest von außen, denn drinnen mutet es teils futuristisch an. Im modernen zeitgemäßen Interieur springen die bunten Farben und moderne Möbel ins Auge. Das Hotel ist ideal für Kunstfreunde, denn rundherum sind zahlreiche Kunstgalerien sowie die Peggy Guggenheim Collection ansässig. Die unterschiedlich großen Zimmer verfügen entweder über eine Terrasse oder über eine Aussicht auf den Canal Grande. Sehen Sie sich daher erst die Webseite an, bevor Sie ein Zimmer buchen.
50 inkl. 4 Suiten & 8 Junior Suiten Salute
Alle gängigen Kreditkarten

■ Palazzo Stern
€€€€€
DORSODURO 2792/A
TEL. 041/2770869
palazzostern.it
Die Zimmer dieses charmanten Hotels bestechen durch den traumhaften Blick auf den Canal Grande. Trotz der behutsamen Restaurierung enthält das Haus aus dem 14. Jahrhundert noch einige ursprüngliche Elemente wie die Terrasse am Wasser – ein grandioser Ort, um das Frühstück zu genießen und zu erleben, wie die Stadt langsam erwacht. Nach einem langen Sightseeing-Tag lädt der Jacuzzi am Dach zum Relaxen ein.
24 inkl. 1 Suite und 6 Junior Suiten Ca' Rezzonico
Alle gängigen Kreditkarten

■ Ca' Pisani
€€€€
RIO TERRÀ FOSCARINI 979A
TEL. 041/240 1411
capisanihotel.it
Die Ca' Pisani ist ein tolles Hotel in reizvoller, ruhiger Lage unweit der Gallerie dell'Accademia. Das erste Designer-Hotel der Stadt wartet mit Zimmern auf, die modernste Technologie, Art-déco-Einflüsse und Originalmöbel aus den 1930er- und 1940er-Jahren in sich vereinen. Das Haus verfügt über zwei behindertengerechte Zimmer, eine Bar, ein Restaurant sowie eine Dampfsauna.
29 inkl. 6 Suiten Accademia, Zattere
Alle gängigen Kreditkarten

■ Hotel Pausania
€€€
DORSODURO 2824
TEL. 041/522 2083
hotelpausania.it
Von dem einstigen an einem stillen Seitenkanal gelegenen Privatpalast blieben im Eingangsbereich der Brunnenkopf aus Marmor und die Außentreppe erhalten, während die Fassade noch ein ursprüngliches gotisches Fenster aufweist. Eine ideale Lage für Besucher, die ein Hotel zwischen dem Campo Santa Margherita und dem Campo San Barnaba suchen.
24 Ca' Rezzonico
Visa, MasterCard, American Express

DIE INSELN

Die Inseln Giudecca, Murano, Torcello und Lido liegen nur eine kurze Fahrt mit der Fähre entfernt. Sie bieten vielfältige Möglichkeiten und sind weniger überlaufen als die Stadt selbst. Giudecca wartet mit den preisgünstigsten Unterkünften auf, Lido mit den teuersten.

Letztere ist auch der ideale Ort im Sommer, um den Tag am Strand zu verbringen. Manche Inselhotels haben im Winter zu.

■ Hotel Excelsior

€€€€€

LUNGOMARE MARCONI 41, LIDO
TEL. 041/526 0201

hotelexcelsiorvenezia.com

Um die Jahrhundertwende war das Excelsior eines der ersten Hotels Europas, das einen einmonatigen Badeurlaub als schicke Alternative anpries. Das Hotel ist riesig und mondän und lässt keine Wünsche offen. Anfang September, während der Filmfestspiele, quartieren sich hier zahllose Pressevertreter und Filmgrößen ein.

197 *Lido*

Alle gängigen Kreditkarten

■ Palladio Hotel & Spa

€€€€€

FONDAMENTA DELLE ZITELLE, GIUDECCA
TEL. 041/520 7022

palladiohotelspa.com

Dieses in zwei historischen, benachbarten Gebäuden auf der Insel Giudecca beheimatete Hotel gehört zum renommierten Bauer-Hotel in San Marco (siehe S. 179) und war das erste Hotel Venedigs mit einem Spa – hier weiß man, wie Luxus geht. Das Haupthaus war einst ein Klostergebäude und wurde im 16. Jahrhundert errichtet. Die 58 Zimmer, von denen manche einen Balkon haben, sind geräumig und toll eingerichtet – und bieten eine schöne Aussicht auf die Lagune oder den großartigen Garten.

58 plus 21 Suiten *Zitelle*

Alle gängigen Kreditkarten

■ Locanda Cipriani

€€€

PIAZZA SANTA FOSCA 29, TORCELLO
TEL. 041/730 150

locandacipriani.com

Das rustikale, elegante Hotel konnte in den letzten 100 Jahren praktisch jeden prominenten Venedig-Besucher begrüßen – von Hemingway über Queen Elizabeth II bis hin zu Hollywood-Größen. Die Zimmer sind nicht riesig, aber fantastisch eingerichtet. Im Winter sorgt ein Kaminfeuer im Foyer für Behaglichkeit. Das kleine, ruhige Hotel spiegelt die beschauliche Atmosphäre der Insel Torcello perfekt wider.

5 *Torcello*

Visa, MasterCard, American Express

■ Murano Palace

€€€

FONDAMENTA DEI VENTRAI 77, MURANO
TEL. 041/739 655

muranopalace.com

Die Aussicht über den Rio dei Vetrai (Glasmacherkanal) ist bestechend – eine bessere Lage hätte sich das Murano Palace nicht wünschen können. Das charmante Boutique-Hotel hat sechs Zimmer, vier mit Kanal-Blick, die alle mit edlen venezianischen Gardinen und glitzernden, von den Hoteleignern selbst hergestellten Lüstern ausgestattet sind.

6 *Murano Colonna*

Alle gängigen Kreditkarten

■ Villa Mabapa

€€€

RIVIERA SAN NICOLÒ 16, LIDO
TEL. 041/526 0590

villamabapa.com

In dem einstigen Wohnhaus aus den späten 1920er-Jahren, in dem das Hotel ansässig ist, sind auch heute noch diverse Jugendstilelemente erkennbar. Die Zimmer sind schlicht und zeitgemäß eingerichtet, einige gewähren eine tolle Aussicht auf den englischen Garten. Geführt wird das Hotel, zu dem auch die benachbarte Villa Morea und die Casa Pradel gehören, von vier verschiedenen Generationen einer Familie. Das hauseigene Restaurant serviert venezianische Gerichte – im Sommer im Garten.

60 *Santa Maria Elisabetta*

Alle gängigen Kreditkarten

■ Al Redentore di Venezia

€€–€€€

FONDAMENTA PONTE LUNGO 234/A, GIUDECCA
TEL. 041/522 9402

alredentoredivenezia.com

Dieses Hotel in Reichweite der Hotspots der Insel Giudecca, wie etwa der Punta della Dogana, des Museums für Gegenwartskunst, oder der Salute-Kirche, verfügt über elegante Apartments. Die Zimmer – manche mit Holzbalkendecke, andere mit Parkettfußboden – sind zeitgemäß mit venezianischen Designermöbeln eingerichtet und die Badezimmer mit Travertin-Boden ausgestattet.

8 *Salute*

Alle gängigen Kreditkarten

SPRACHFÜHRER

Nützliche Wörter & Sätze

Ja *Si*; No *No*
Entschuldigen Sie *Permesso*; (Aufmerksamkeit) *Mi scusi*
Hallo (vormittags) *Buon giorno*
Hallo (nachmittags) *Buona sera*
Hi oder Tschüss *Ciao*
Bitte *Per favore*
Danke *Grazie*
Gern geschehen *Prego*
OK *Va bene*
Auf Wiedersehen *Arrivederci*
Guten Abend *Buona notte*
Hier *qui*
Dort *lì*
Heute *oggi*
Gestern *ieri*
Morgen *domani*
Jetzt *adesso/ora*
Später *più tardi/dopo*
Heute Morgen *stamattina*
Heute Nachmittag *questo pomeriggio*
Heute Abend *stasera*
Geöffnet *aperto*
Geschlossen *chiuso*
Haben Sie? *Avrebbe?*
Sprechen Sie deutsch? *Parla tedesco?*
Ich bin Deutsche(r) *Sono tedesca* (Frau); *Sono tedesco* (Mann)
Ich verstehe nicht *Non capisco*
Wo ist ...? *Dov' è ...?*
Ich weiß nicht *Non so*
Keine Ursache! *Di niente*
Ich heiße ... *Mi chiamo ...*
Lasst uns gehen *Andiamo*
Um wie viel Uhr? *A che ora?*
Wann? *Quando?*
Wie spät ist es? *Che ora è?*
Icht hätte gern ... *Vorrei ...*
Wie viel kostet es? *Quanto costa?*
Frühstück *la (prima) colazione*
Mittagessen *il pranzo*
Abendessen *la cena*
Appetizer *l'antipasto*
Erster Gang *il primo*
Hauptgang *il secondo*
Beilage *il contorno*
Nachspeise *il dessert/dolci*
Weinkarte *la lista dei vini*
Ich möchte gern bestellen *Vorrei ordinare*

Antipasto

sarde in saor frittierte Sardinen mit süßsauren Zwiebeln
caparossoli gedünstete lokale Muscheln mit Knoblauch
seppioline kleine lokale Tintenfische
peoci Muscheln
baccalà mantecato Creme von getrocknetem Kabeljau

Pastasaucen

all'amatriciana Tomatensauce mit Chili und Speck
bigoli in salsa milde Anchovis und Zwiebeln
alla busera Shrimps und Tomaten
alle vongole mit Venusmuscheln
al ragù Bolognesesauce
col nero di seppia Tintenfischtinte

Fleisch

fegato all veneziana Leber mit Zwiebeln
la bistecca Rindersteak
ben cotta durchgebraten
non troppo cotta medium
appena cotta englisch (blutig)
il filetto Steak
il carpaccio fein aufgeschnittenes rohes Rindfleisch
il maiale Schweinefleisch
il manzo Rindfleisch
il pollo Hühnerfleisch
le polpette Frikadellen
il vitello Kalbfleisch

Fisch & Meeresfrüchte

le alici/acciughe Anchovis
l'aragosta/astice Languste
il calamaro Kalmar
i gamberetti Shrimps
il granchio Krebs
il polpo Oktopus
le sarde Sardinen
la sogliola Seezunge
il tonno Thunfisch
il branzino Seebarsch
l'orata Dorade
il cefalo Meeräsche
le seppie Tintenfisch
grigliata mista gegrillter Fischmix
fritto misto frittierter Fischmix

Gemüse

l'aglio Knoblauch
gli asparagi Spargel
il carciofo Artischocke
la carota Karotte
il cavolfiore Blumenkohl
i fagiolini frische Brechbohnen
l'insalata mista/verde gemischter/grüner Salat
la melanzana Aubergine
la patata Kartoffel
i piselli Erbsen
i pomodori Tomaten
gli spinaci Spinat
il tartufo Trüffel
le zucchine Zucchini

Obst

l'albicocca Aprikose
l'arancia Orange
le ciliegie Kirschen
le fragole Erdbeeren
la mela Apfel
la pera Birne
la pesca Pfirsich
la pescanoce Nektarine
il pompelmo Grapefruit
l'uva Trauben

REGISTER

Kursive Seitenzahlen beziehen sich auf die Stadtplan-Seiten.

AUTOREN, **BILDNACHWEIS**

Autoren

Joe Yogerst und Gillian Price
Zusätzliche Texte von: Helen Douglas-Cooper, Lisa Gerard-Sharp, Reg G. Grant und Clare O'Connor

Bildnachweis

o = oben; u = unten l = links; r = rechts, M = Mitte

2–3 Ben Southgate. **4** Matteo Carassle/SIME/4Corners. **5or** Vadim Petrakokov/Shutterstock. **5mr** Delpixel/Shutterstock. **5ul** Domschatz San Marco, Venedig, Italien/Bridgeman Images. **6** Olimpio Fantuz/SIME/4Corners. **9** Matthias Scholz/Alamy. **12–13** Luca Da Ros/SIME/4Corners. **14oM** Ian Armitage. **14ul** Peter Fosberg/Alamy. **15** Cameraphoto Arte Venezia/Bridgeman Images. **17** Yulia Grioryeva/Shutterstock. **18** mikecphoto/Shutterstock. **19or** Vladimir Daragan/Shutterstock. **19ur** Ian Armitage. **21** JOHN KELLERMAN/Alamy. **22** Piere Bonbon/Alamy. **23or** LOOK Die Bildagentur der Fotografen GmbH/Alamy. **23ul** The Art Archive/Alamy. **24** © Peggy Guggenheim Collection, Venedig. Ph. David Head. **26ol** Musica a Palazzo. **26ul** Bellini Cocktail, Bar Longhi, The Gritti Palace, a Luxury Collection Hotel. **27** anastasia buinovska/Shutterstock. **29** Ian Armitage. **30ol** Geoffrey Taunton/Alamy. **30or** Matthias Scholz/Alamy. **30ul** Etabeta/Alamy. **31ol** hwo/imageBROKER/Superstock. **31or** Picavet/Getty Images. **31mr** Karl F. Schöfmann/imageBROKER/Superstock. **31ur** Shutterstock. **32** National Museum Wales/Bridgeman Images. **34** gab90/Shutterstock. **35or** jozef sedmak/Alamy. **35ur** age fotostock/Alamy. **36** Johanna Huber/SIME/4Corners. **38oM** Arcangelo Piai/SIME/4Corners. **38ul** Piere Bonbon/Alamy. **39or** Olena Kachmar/123rf.com. **39ur** Arcangelo Piai/SIME/4Corners. **41** REDA &CO srl/Alamy. **42** David Angel/Alamy. **43or** Mauro Vianello/glasshandmade.com. 43ur Marco Secchi/Getty Images. **44** LOOK Die Bildagentur der Fotografen GmbH/Alamy. **46** VizioVirtù Cioccolateria (www.viziovirtu.com). **47oM** Matthias Scholz/Alamy. **47ur** Jan Wlodarczyk/Alamy. **49** robert harding/Superstock. **50–51** Günter Gräfenhain/4Corners. **54** Maurizio Rellini/SIME/4Corners. **56** Marc Funda. **57** De Agostini Picture Library/G. Dagli Orti/Bridgeman Images. **58** Yamagiwa/Shutterstock. **61** lazyllama/Shutterstock. **63** Photograph by Delfino Disto Legnani und Marco Cappelletti. Mit freundl. Gen. OMA. **64** Marc Funda. **66** Guido Cozzi/SIME/4Corners. **68** Domschatz San Marco, Venedig, Italien/Bridgeman Images. **69** Puschkin Museum, Moskau, Russland/Bridgeman Images. **70** Villa Barbarigo, Noventa Vicentina, Italien/Bridgeman Images. **71** Johanna Huber/SIME/4Corners. **73** Jorge Royan/Alamy. **74** Radu Razvan/Shutterstock. **76ol** Photoservice Electa/Universal Images Group/Superstock. **76ul** Rolf E. Staerk/Shutterstock. **77ol** Ian Armitage. **77or** Vadim Petrakov/Shutterstock. **78** Cristiano Fronteddu/Alamy. **81** Photoservice Electa/Universal Images Group/Superstock. **83** Lucian Milasan/Shutterstock. **84** National Geographic Creative/Alamy. **86** Pictures from History/Bridgeman Images. **87** Museo Correr, Venedig, Italien/Bridgeman Images. **89** Jan S./Shutterstock. **91** LYSVIK PHOTOS/Shutterstock. **92** Rolf E. Staerk/Shutterstock. **94** Petr Jilek/Shutterstock. **95** RnDmS/Shutterstock. **97** Matthias Scholz/Alamy. **99** Ben Southgate. **100** T.C. Bird. **101** Renata Sedmakova/Shutterstock. **102** Marco Secchi/Getty Images. **104** © Sarah Quill/Bridgeman Images. **105** Royal Collection Trust © Her Majesty Queen Elizabeth II, 2016/Bridgeman Images. **107** Marco Secchi/Getty Images. **108** Arcangelo Piai/SIME/4Corners. **110** Hemis/Alamy. **112ol** Guido Baviera/SIME/4Corners. **112ul** Ian Armitage. **113** Imagno/Getty Images. **115** Arcangelo Piai/SIME/4Corners. **116** Piere Bonbon/Alamy. **119** JOHN KELLERMANN/Alamy. **120** age fotostock/Alamy. **122** imageBROKER/Alamy. **124** Mondadori Portfolio/Getty Images. **125** Mondadori Portfolio/Getty Images. **126** mountainpix/Shutterstock. **127** Matteo Carassale/SIME/4Corners. **129** Delpixel/Shutterstock. **130** Sabine Lubenow/Alamy. **132** Hemis/Alamy. **133Ml** Marco Secchi/Getty Images. **133or** Ben Southgate. **134** Marc Funda. **136** Matthias Scholz/Alamy. **139** Guido Baviera/SIME/4Corners. **140** Ian Armitage. **142–143** Galleria dell'Accademia, Venedig, Italien/Bridgeman Images. **144** San Pantalon, Venedig, Italien/Bridgeman Images. **145** Galleria dell'Accademia, Venedig, Italien/Bridgeman Images. **146** Santa Maria Gloriosa dei Frari, Venedig, Italien/Bridgeman Images. **147** Palazzo Ducale, Venedig, Italien/Bridgeman Images. **149** Dave Zubraski/Alamy. **150** Ioan Florin Cnejevici/Shutterstock. **152** T.C. Bird. **153or** age fotostock/Superstock. **153ur** Eye Ubiquitous/Superstock. **155** Guido Baviera/SIME/4Corners. **156** age fotostock/Superstock. **159** De Agostini Picture Library/G. Dagli Orti/Bridgeman Images. **160** Iiko Iliev/Shutterstock. **162** Museo Nazionale de Bargello, Florenz, Italien/Bridgeman Images. **163** Verrerie/Bridgeman Images. **164** De Agostini Picture Library/Bridgeman Images. **165** De Agostini Picture Library/Bridgeman Images. **167** Stock Connection/Superstock. **168** taniavolobueva/Shutterstock. **170–171** PHOTOMDP/Shutterstock.

IMPRESSUM

Verantwortlich: Alina Gillen
Gesamtproducing: bookwise, München
Übersetzung: Jan-Uwe Niklas
Korrektorat: Anneliese Jerschl
Umschlaggestaltung: Rudi Stix
Herstellung: Bettina Schippel
Printed in Slovenia by Florjancic

★★★★★

Sind Sie mit diesem Titel zufrieden? Dann würden wir uns über Ihre Weiterempfehlung freuen.
Erzählen Sie es im Freundeskreis, berichten Sie Ihrem Buchhändler, oder bewerten Sie bei Onlinekauf.
Und wenn Sie Kritik, Korrekturen, Aktualisierungen haben, freuen wir uns über Ihre Nachricht an NG Buchverlag, Postfach 40 02 09, D-80702 München oder per E-Mail an reise@nationalgeographic.de.

Unser komplettes Buchprogramm finden Sie unter

www.nationalgeographic-buch.de

Titel der amerikanischen Originalausgabe:
Walking Venedig © 2017 National Geographic Partners, LLC

Umschlagmotiv: Sonnenuntergang auf dem Canal Grande in Venedig. (givaga/Shutterstock)

Die Deutsche Nationalbibliothek verzeichnet diese Publikation in der Deutschen Nationalbibliografie; detaillierte bibliografische Daten sind im Internet über http://dnb.d-nb.de abrufbar.

Deutsche Ausgabe veröffentlicht von:
NG Buchverlag GmbH, München 2017
Lizenznehmer von: National Geographic Partners, LLC
NATIONAL GEOGRAPHIC und das Markenzeichen (Yellow Border) sind Marken der National Geographic Society und werden mit Genehmigung genutzt.

ISBN 978-3-95559-236-3

Seit ihrer Gründung 1888 hat sich die National Geographic Society weltweit an mehr als 12 000 Expeditionen, Forschungs-, und Schutzprojekten beteiligt. Die Gesellschaft erhält Fördermittel von National Geographic Partners LLC, unterstützt unter anderem durch Ihren Kauf. Ein Teil der Einnahmen dieses Buches hilft uns bei der lebenswichtigen Arbeit zur Bewahrung unserer Welt. Das legendäre NATIONAL GEOGRAPHIC-Magazin erscheint monatlich. Darin veröffentlichen namhafte Fotografen ihre Bilder und renommierte Autoren berichten aus nahezu allen Wissensgebieten der Welt. National Geographic im TV ist ein Premium Dokumentations-Sender, der ein informatives und unterhaltsames Programm rund um die Themen Wissenschaft, Technik, Geschichte und Weltkulturen bereithält. Falls Sie mehr über National Geographic wissen wollen, besuchen Sie unsere Website unter www.nationalgeographic.de